1小时学会
抖音玩法

头号玩家 —— 著

天津出版传媒集团
天津科学技术出版社

图书在版编目（CIP）数据

1小时学会抖音玩法 / 头号玩家著. -- 天津：天津科学技术出版社，2024.2
 ISBN 978-7-5742-1783-6

Ⅰ．①1… Ⅱ．①头… Ⅲ．①网络营销 Ⅳ．
①F713.365.2

中国国家版本馆CIP数据核字（2024）第039272号

1小时学会抖音玩法
YI XIAOSHI XUEHUI DOUYIN WANFA

责任编辑：刘 磊

出　　版	天津出版传媒集团 天津科学技术出版社
地　　址	天津市西康路35号
邮　　编	300051
电　　话	（022）23332695
发　　行	新华书店经销
印　　刷	唐山市铭诚印刷有限公司

开本 670×950　1/16　印张 12　字数 160 000
2024年2月第1版第1次印刷
定价：49.80元

前言

随着短视频的迅速发展与大规模流行，抖音电商就像一匹黑马，势如破竹，成了电商领域的新贵。许多商家纷纷入驻，在抖音开展电商业务。另外，基于使用习惯和对平台的信任，越来越多的用户选择在抖音平台进行购物。

抖音布局电商，不仅仅是因为看到了电商市场蕴藏的巨大消费潜力，更是因为正值直播带货的风口。为了抓住这难得一遇的机会，早在2020年，抖音就成立了电商部门，对之前的电商业务进行了升级，发展了"内容+直播+电商"的模式。

通过布局电商，抖音一方面为平台上众多优秀的创作者提供了一条便捷、稳定的变现渠道，刺激他们生产更多优质内容，吸引更多流量；另一方面也吸引了众多企业和商家入驻抖音掘金，没有货源的运营者纷纷借助带货获得收益，有货源的企业或商家利用短视频推广产品、开通抖店提升销量。

由此可见，只要掌握了抖音电商运营的技巧，无论是普通运营者、抖音达人，还是企业或商家就都可以获得收益。

本书立足于分享抖音电商的玩法，对抖音电商运营进行了详细的解读，包括打造爆款内容、精准吸粉、多渠道引流、抖音搜索、广告投放、短视频带货、直播卖货、商品橱窗、抖音小店等。本书为读者提供通俗易懂且全面的抖音运营技巧和方法，帮助运营者在短时间内获得收益。

为了便于读者学习和操作，本书还对抖音电商相关的操作流程配有相关图片，图文并茂，让读者一目了然，便于其熟练掌握各种工具的应用。这里需要特别说明的是，随着抖音的更新、升级，一些截图页面会略有变化。读者在阅读时，可以举一反三地进行学习。

在未来，抖音的内容触达会更加精准、有效，营销通道会进一步拓宽，用户的消费潜力也会得到更大的挖掘。希望本书能为广大读者提供有价值的参考，使广大读者能够在抖音电商巨大的红利中获益。

目录

第一章 抖音电商，火爆的电商新阵地

为何抖音平台如此受商家青睐 // 002

抖音电商的特点及其发展趋势 // 004

抖音电商运营的常用软件和硬件 // 006

搭建高效的抖音电商团队 // 009

好的团队管理，才有好的经营业绩 // 011

第二章 打造爆款内容，流量是商业盈利的基础

了解抖音的推荐与算法机制 // 014

选对容易变现的短视频内容很重要 // 016

精准定位，找到获取流量的入口 // 022

掌握一套属于自己的短视频拍摄语言 // 026

了解底层逻辑，写出爆品文案的妙招 // 029

后期剪辑技巧让短视频更出彩 // 034

第三章 精准吸粉，抓住属于你的意向用户

抖音流量池的等级与分配规则 // 040

持续输出是粉丝稳定增长的基础 // 042

快速涨粉的核心是做爆款视频 // 044

善用情感触动用户主动关注 // 046

用独特视角击中痛点，实现自然涨粉 // 048

第四章 多渠道引流，构建私域流量池

精准引流，学会给用户画像 // 052

最常用的五种互动引流方法 // 054

做好网店引流，轻松实现电商爆款 // 057

微信导流，最大化挖掘粉丝价值 // 059

有效利用POI引流的三种方法 // 062

第五章 巧用抖音搜索，利用大数据引爆流量

建立搜索矩阵，让粉丝主动找上门 // 068

借助音乐热搜榜，提升短视频热度 // 073

利用搜索快速找到合作达人 // 076

为什么一定要做SEO优化 // 078

抖音短视频进行SEO优化的技巧 // 081

第六章　广告投放，拓展流量与变现渠道

短视频广告合作的角色与变现流程　// 086

投放DOU+的基础操作与技巧　// 089

巨量引擎带来的高效营销　// 094

入驻巨量星图，让营销效果可视化　// 096

投放千川广告，助力销量加速　// 100

第七章　短视频带货，将粉丝转化为客户

短视频带货有着怎样的优势　// 104

带货选对品，轻松实现高转化　// 107

找对靠谱选品渠道，才能售后无忧　// 109

掌握带货短视频的拍摄技巧　// 111

层出不穷的短视频带货形式　// 115

第八章　直播卖货，让粉丝"买买买"的秘诀

布置赏心悦目的直播间　// 118

掌握直播间选品的策略与技巧　// 120

上播常用的话术，你会了吗　// 122

按产品定位推介，直击用户痛点　// 125

了解打赏的分成机制，提升变现效果　// 128

第九章 商品橱窗,抖音卖货的实用功能

抖音商品橱窗的开通流程 // 132

做好橱窗管理,激发用户购买欲 // 135

选对橱窗商品,高效转化流量 // 139

借助平台学习功能,提升橱窗带货能力 // 142

不同品类的橱窗带货方法 // 144

第十章 抖音小店,高效的抖音电商变现工具

快速开通抖音小店的流程与操作 // 148

掌握商品上架和运费设置 // 154

掌握抖音小店常用的优惠推广方法 // 156

加入精选联盟吸引更多客流 // 160

做好服务管理,提升商家体验分 // 162

附录1:抖音短视频的双重审核机制

附录2:《抖音社区自律公约》(节选)

第一章
抖音电商，火爆的电商新阵地

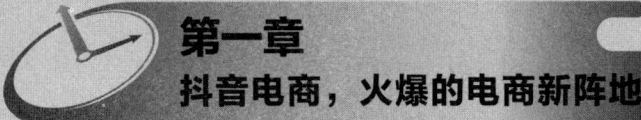

继抖音短视频成为大众娱乐的阵地后，抖音又一次进阶成为各大电商商家引流、带货的绝佳平台。尤其是短视频和直播带货的蓬勃发展，使普通人在抖音一夜成名的梦想变得越来越有可能，同时各大商家也纷纷涌入，在这里开辟出了电商的一片新天地！

为何抖音平台如此受商家青睐

在抖音上线之初，国内已经有很多短视频平台诞生甚至发展成熟了。然而，抖音却在经历了短暂的发展后迅速走红，成了短视频行业的翘楚。在如此激烈的竞争中，抖音靠什么获胜？又凭什么受到各大电商的青睐呢？

1. 抖音独特的定位

抖音起初的定位是15秒音乐短视频社交工具。这一定位非常符合当下人们利用碎片化时间的需求，让身处工作压力中的人们找到了娱乐、放松的方式。于是抖音短视频就这样迅速火了起来。而当下，抖音的"娱乐+商业"特性，进一步吸引了更多的群体。

一是娱乐用户。这类群体偶尔发布短视频，主要记录生活的点滴。他们不主动创作短视频，业余时间刷刷短视频只是单纯为了娱乐，抖音只是他们的消遣工具。

二是自媒体、网红、明星用户。这类群体本身有着一定的影响力，他们需要发布更多的短视频来维持或提高自己的知名度，增加粉丝量，提升收益。

三是网店和商家。这类群体入驻抖音的目的主要是通过短视频引流，然后推介商品实现变现和商业上的收益。

这些群体在抖音的活跃度，让抖音电商有了更多可挖掘的客户，各大商家也有了更多的成交机会。

2. 清晰的发展思路和成长节奏

在众多短视频平台中，抖音能够突出重围，很重要的一点是它有着清晰的发展思路，对自身成长周期的节奏也把握得恰到好处。总的来说体现在三个方面。

一是坚持差异化入场。抖音入围短视频领域，坚持内容为王、强运营推广的模式，这与当时短视频领域老大快手的"内容去中心化，弱运营方式"完全相反。正是这样的入场选择，让抖音站稳了脚跟，也为其后续的快速发展奠定了基础。

二是稳步进化，思路清晰。抖音前期注重工具属性，以增长用户为主；后期注重社交属性，保持用户的留存和自增长。抖音抓住了不同发展时期的核心需求，最终杀出重围。

三是运行策略收放自如。抖音能够根据市场需求积极采取对应的措施，该低投入的时候就低投入，该强运营的时候就对目标群体"快、准、狠"地进行轰炸，最后收割流量，实现品牌跃升。

3. 巨大流量带来的变现可能

抖音的用户群体以城市的年轻人为主。这些年轻人新潮，容易被新事物吸引，喜欢网上购物，对直播带货这样的电商形式自然乐意尝试。

抖音在拥有了大量用户后，就开始通过自身大量的用户实现流量变现，比如与各大企业联合运营、商家合作等实现变现。在获得丰厚利润的同时，抖音进一步加强了社交属性，推出各种新功能、新玩法，增加用户黏性，依靠自身的优质属性让用户持续增长。

各大商家正是看到了抖音这个有优势的平台及其巨大的用户数量，于是纷纷涌入，都想从巨大的流量红利中分得一杯羹。事实上，无论是抖音短视频直播带货，还是商品橱窗等，都已经有了很多成功的案例，抖音平台已经成为商家销售、盈利的重要渠道之一。

抖音电商的特点及其发展趋势

如今，电商已经从传统平台发展到了各大短视频平台。抖音凭借其超高的日活跃用户量与强大的带货能力，成为吸引电商的佼佼者。

在这个"流量为王"的时代，抖音短视频有着其他平台无法比拟的流量优势，这让众多商家纷纷入驻，在抖音上利用短视频进行品牌推广、产品销售等一系列商业行为。总的来说，抖音电商具有以下几个特点。

1. 巨大的用户流量

作为短视频行业的老大哥，抖音拥有的用户数量极其庞大。截至2023年1月，抖音的用户数量突破8亿，日活跃用户突破1.5亿。如此巨大的流量，让抖音电商的火爆有了用户基础。

2. 内容场景化，传播能力强

抖音短视频的内容展现形式生动形象，文字结合视频、图片，包含生活的各个方面，场景化十足，使用户很容易产生认同感，非常有利于品牌的传播。

3. 强大的推荐机制

抖音平台有着强大的算法机制，能够根据用户的画像实现个性化的内容推送，即用户喜欢什么就推送什么。这可以让产品广告精准送达用户。

4. 比传统电商更高的转化率

转化率是评判电商流量的一个很重要的指标，转化率越高就意味着变现能力越强。抖音平台不仅拥有巨大的流量，其转化率也比传统电商高几倍，直播带货的整体转化率达到20%。

这些特点让抖音电商迅速崛起，在这里不仅可以快速地制造爆款，还可以快速地实现资金周转。抖音为了更好地布局电商业务，早在2020年6月就上线了抖店。抖店上线后就举办了一系列大型电商活动，如"818奇妙好物节""抖音抢新年年货节"等，交易额不断增长。

这些表现说明了抖音平台有着巨大的电商发展潜力，而且随着越来越多的电商品牌和商家入驻，抖音必将成为一条重要的电商赛道。

抖音电商运营的常用软件和硬件

想要在抖音上进行产品推广、卖货等,就必须学会使用一些软件和硬件。熟练掌握这些必备工具的操作技巧才能更好地运营自己的抖音账号和抖店。那么,在抖音上做电商、卖货需要用到哪些工具呢?下面,我们将一一进行介绍。

1. 运营抖音电商的常用软件

想要在抖音开店、销售产品,不仅仅要熟练掌握抖音App(应用程序)的各种功能,还需要借助其他一些软件来为我们服务,比如店铺管理工具、短视频剪辑工具,以及数据分析工具等。这些常用的软件可以让我们运营抖音时更加便捷。

(1)**剪映**。想要创作好的短视频,就离不开剪辑工具。剪映是一款全能易用的剪辑软件,有多样的滤镜和丰富的曲库资源,可以在手机端和电脑端使用,上手操作较其他剪辑软件更简单,是优化短视频的必备工具。

(2)**飞书**。一款高效协作的办公工具,可以全方位提升管理效率。主要起到帮助商家和抖音官方建立联系,传递平台资讯的作用。

(3)**抖店**。电商商家实现一站式经营的平台,可以帮助商家进行各种店铺的管理操作,还可以实现多渠道售卖,比如在今日头条、西瓜等平台进行商品分享。

（4）飞鸽IM。一款即时通信软件，抖音小店的IM客服系统，方便商家和客户联系，咨询商品或服务信息。

（5）巨量百应。一个基于短视频、直播内容展示、分享商品场景，汇聚并连接创作者、商家、机构服务商的综合商品分享管理平台。可以让商家实现快速提现、流量投放等。

（6）飞瓜数据。一款数据分析工具。它可以对抖音账号进行数据追踪，了解账号的运营情况，还能实时查询平台热点，以及抖音平台近期的带货数据，帮助你筛选热门产品。

这些软件配合使用，会使抖音开店、卖货更加便捷。具体使用可以参照表1-1。

表1-1

软件流程	开通店铺	商品发布	短视频发布	直播带货	成单发货
抖店	√	√	√		
剪映			√		
飞书	√	√	√	√	√
飞鸽IM					√
巨量百应				√	
飞瓜数据			√	√	

2. 运营抖音的常用硬件

抖音主要通过短视频内容推广和宣传商品，因此，短视频的质量十分关键，想要创作优质的短视频，不仅需要创意，更需要过硬的设备。通常，运营者需要准备以下设备。

（1）智能手机。智能手机的发展，极大地便利了人们获取信息。很多抖音短视频都是由智能手机拍摄的，拍摄后进行简单编辑，之后在抖音上发布，非常便利。利用智能手机制作抖音短视频，不仅方便携带、操作简便，还能实时分享。

（2）**相机/摄像机**。如果想要更进一步提升短视频的画质，我们就需要用到一些更加专业的拍摄工具，比如相机和摄像机。利用这些拍摄工具，可以获得更清晰的画质，让短视频显得更专业。

（3）**手机支架/三脚架/云台**。为了保持画面的稳定性，在拍摄短视频或直播的时候，我们还需要用到一些稳定设备，比如手机支架、三脚架、云台等。这些设备可以释放我们的双手，避免出现画面晃动或模糊不清的情况。

（4）**麦克风**。在短视频制作的过程中，音频的质量也同样重要。如果只是用拍摄工具自带的录音功能，音频效果通常很一般。这时候就需要用到专业的麦克风来录制声音，尤其是直播的时候，使用专业的麦克风会带来更好的声音效果。

（5）**补光灯**。在拍摄短视频时，光线的控制也是非常重要的。大多数时候，我们的拍摄都是在室内进行的，这就少不了补光灯的应用。运用补光灯，可以使人物脸部的光线均匀明亮，也可以让产品更加有立体感。无论是直播还是产品展示，都能获得更好的视觉效果。

搭建高效的抖音电商团队

运营抖音电商，靠单打独斗是很难做出规模的。和传统电商平台一样，抖音电商同样需要建立一支高效的运营团队。

那么，抖音电商需要怎样的团队配置和分工呢？

1. 运营人员

无论是传统电商，还是抖音电商，运营都是非常重要的一个岗位。运营人员需要了解平台规则，研究受众人群，熟悉产品并制订营销计划，同时还要负责短视频和直播的推广和引流，进行数据分析，不断优化运营的策略。可以说，一个好的运营是店铺销量的保证。

2. 短视频制作人员

在抖音进行产品推广、销售，自然离不开短视频的拍摄与制作。一个产品想要获得好的曝光和销量，短视频的展现形式非常关键。抖音电商的短视频创作一般包括编导、出镜演员、拍摄人员、视频制作人员等。

▶编导主要负责整个短视频的内容策划、脚本创作，统筹短视频的拍摄与制作。

▶出镜演员则是根据内容出演角色，完成短视频的录制。

▶拍摄人员负责根据编导的安排，完成短视频的拍摄任务。

►视频制作人员负责对拍摄好的素材进行剪辑，配上音乐、字幕，进行声效处理、人物修饰等，最终形成可以发布的短视频。

3. 客服人员

与传统电商一样，客服主要是为客户提供售前、售中、售后服务。比如解答客户购买产品时的咨询问题，引导客户下单，处理客户退换货等。

4. 直播人员

抖音电商离不开直播，直播人员包括主播、主播助理、场控人员等。主播的工作内容包括展示商品、介绍商品、与观众互动等；主播助理则是协助主播展示商品、试用产品等；场控人员负责上下架商品，发放优惠券，布置直播间的灯光等。

抖音电商团队需要配备的成员大致包括以上这几类，商家可以根据自己的实际情况选择需要配备的成员人数。另外，在抖音电商团队中有些成员可以兼任多职，比如视频内容策划、拍摄和后期剪辑由一个人完成，等等。

通常，一个抖音电商的团队是不断发展壮大的。初期可能只有两三个人，中期逐渐发展到五至十人，后期会壮大到十几人。至于每个阶段的人数设置，我们只需遵循高效原则即可。

好的团队管理，才有好的经营业绩

俗话说："三个臭皮匠，顶个诸葛亮。"抖音运营离不开团队的力量。在建立了抖音电商团队之后，如果后期不能科学地进行管理，那么，规模再大的团队也无法创造好的业绩。因此，运营者必须注重运营团队的建设和管理。

1. 树立明确的团队目标

在人类群体活动过程中，共同的愿景能激发出强大的力量。共同的愿景可以使团队成员明确自己的角色和任务，实现高效的团队协作。

因此，抖音运营团队需要树立一个明确的目标。相同的、宏伟的目标才能使团队成员振奋精神，目标和运营决策协调配合才能让每一位成员的潜力发挥到极致。

在管理团队的时候，我们首先要向每一个团队成员贯彻明确的目标。只有团队成员明确了目标的重要性，了解了未来目标的方向，团队才会形成强大的凝聚力。

2. 建立绩效考核机制，提升业绩

成功的抖音电商运营需要用绩效考核来激励成员，提升店铺的经营业绩和水平。抖音运营团队成员的考核可以分为两个部分：一个是可量化的

部分，内容包括发布指数、播放量、粉丝量等，通常叫KPI（关键绩效指标），占到考核的80%；另一个是不可量化的部分，内容包括工作态度和表现等，通常叫KCI（关键能力指标），占到考核的20%。

在可量化指标中，以下几个考核项目是比较重要的。

（1）**粉丝增长数**，指新增长的粉丝数量。每个阶段的新增粉丝数量可根据账号的实际情况设置任务量。比如粉丝净增长量≥10万为100分，在8万~10万之间为80分，等等。

（2）**内容发布量**，指每天发布短视频的数量。抖音短视频的发布频率不是越高越好，具体发布的数量应根据运营的需要来设定。

（3）**播放量**。短视频发布后，拥有播放量的多少代表了视频的人气，具体的播放量考核也应该根据账号的发展阶段来设定。

（4）**综合互动**。包括点赞量、评价和分享的数量。这些任务量也要根据账号运营的阶段来设置，合理的任务量才能激发成员的战斗力。

另外，对于不可量化的考核部分，比如成员处理问题的能力、沟通的能力、执行力、出勤等，可以实行灵活计分制。

3. 做好权限管理

权限是团队成员负有的职责和相应享有的权利。不同的发展阶段，运营者的权利也有所变化。一般来说，在团队发展初期，权限相对集中；而运营团队越成熟，领导者的权利会越小。

团队权限管理包括两个方面：一是明确团队成员拥有怎样的决定权，比如财务决定权、决策决定权；二是让团队成员认真执行，实行权利和履行义务。

运营者可以结合这两个方面进行团队管理，让每个成员放手去做，共同创造高效的运营业绩。

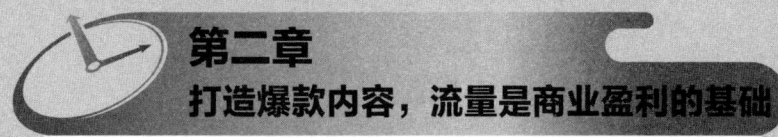

第二章
打造爆款内容,流量是商业盈利的基础

无论是在抖音推广产品,还是直播带货,流量都是基础。而想要获得巨大的流量,靠的是优质的短视频内容。也就是说,想要在抖音平台实现商业盈利,第一步就是要打造高质量的抖音账号,用内容吸引用户,让足够多的用户喜欢并关注你。

了解抖音的推荐与算法机制

抖音平台发布的短视频千千万，为什么有的短视频一发布就火了，而有的短视频却石沉大海呢？其实，这与抖音平台的推荐与算法机制有着很大的关系。想要让自己的短视频获得更多的流量，提高内容或商品被传播的概率，了解抖音的推荐与算法机制非常有必要。

抖音平台沿用了今日头条的流量推荐算法机制——根据用户的喜好进行内容推荐。用户喜欢什么就推荐什么，这保证了视频的分发效率和用户体验。

另外，抖音的流量分配是去中心化的。它的算法可以让每一个优质短视频都获得曝光的机会，素人也可以得到和"大V"公平竞争的机会。

当一个短视频发布后，抖音平台会为其提供一个流量池，随后系统会对该视频在流量池的表现进行评估。如果表现突出，抖音平台就会把该作品推向更大的流量池；如果该视频在每一个流量池都获得较大的流量，那么该短视频就会进入热门推荐。

由此可见，抖音平台采用的是"多级推荐"的机制，一般可以分为三个部分。

（1）**智能分发**。用户发布视频后，无论有没有粉丝，或者内容是否优质，都能获得一部分流量推荐。首次分发以附近的人和关注该用户的人为主，根据用户标签和内容标签进行智能分发。

（2）**叠加推荐**。结合抖音的算法机制，优质的短视频会自动获得内容加权。如果视频的完播率、转发量、评论量、点赞量等指标达到了一定的量级，视频就会获得叠加推荐的机会。

（3）**热度加权**。视频获得大量粉丝关注，并经过一层层的热度加权后，就会进入热门推荐，经人工审核后，设定为热门视频。

了解了抖音平台的推荐机制，在制作和发布短视频时，想要更好地获得流量，运营者还需要借鉴以下几点经验。

一是尽量让用户停留的时间长一些。一个短视频的完播率取决于用户是否长时间停留，而要达到如此效果，我们的短视频就要有一个好的开头、美化的封面以及足够优质的内容。

二是在评论区做好互动。一个短视频能否被系统推荐到更大的流量池，评论量是一个很重要的衡量指标。充分和粉丝进行互动，优质的评论会带来更多流量。

三是发展社群。创建自己的社群可以增加粉丝的黏性，提高粉丝的留存率，还可以让粉丝影响更多用户。

选对容易变现的短视频内容很重要

在当下的短视频市场中，流量竞争日趋激烈，但归根到底是内容上的竞争。优质的内容永远是吸引用户的核心竞争力。想要在抖音获得巨大的流量，离不开优质的原创短视频内容。因此，在策划和制作短视频时，我们应该选择热门的内容，越热门的内容越容易获得流量，有流量才能快速变现。

1. 搞笑类内容

幽默的段子总能令人捧腹大笑，在抖音短视频平台发布原创幽默搞笑内容，非常容易获得流量。通常，这类搞笑内容大部分源于生活，与大众的生活息息相关，能够使大众感到亲切感。因此，在创作搞笑类短视频时，我们可以运用各种创意技巧和方法对经典内容进行编辑加工，也可以挖掘日常生活中的场景和片段。

图 2-1

如图2-1，抖音账号"×哥哥"，通过改散装搞笑印度魔性歌曲迅速火爆全网，被网友称为"改词届天花板"。其擅长将流行歌曲改编成新的全新风格的"散装歌曲"，再搭配上独特的剧情和夸张的演绎方式，让无数网友上头，收获千万粉丝。

2. 才艺类内容

抖音平台是一个大众秀场，才艺类短视频以才艺展示或技能展示为主，是比较容易上热门推荐的。才艺类短视频包含的内容很广，比如歌舞、乐器演奏、绘画、书法、手工、魔术、炫技，等等。你只要有一技之长，并敢于秀出自己，就能获得大量的关注和点赞。

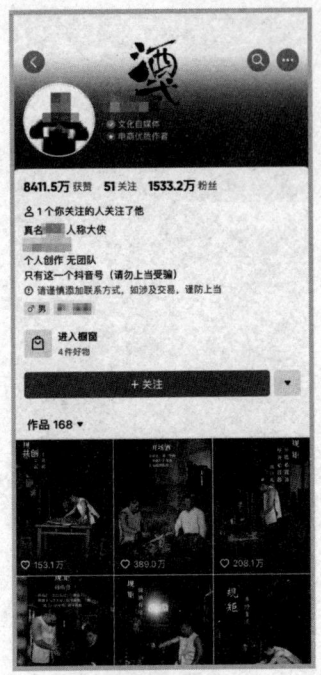

图 2-2

如图2-2，抖音账号"×大侠"是一个以酿酒槽坊为背景，展示和弘扬中华稀有古拳术"昂拳"，以及饭桌上的各种规矩的才艺类账号。发布首个视频后就得到了5W+点赞，现在更是拥有了1500多万粉丝。虽然暂时没有直播带货，但其仅靠账号的影响力，就卖出了自家高粱酒4万箱，总销售额超过1200万元。

3. 教学类内容

教学类短视频主要是为用户提供有价值的知识和实用技巧。这类选题包含的范围很广，比如美食视频、美妆教学、办公软件、摄影技巧等。这类视频兼具知识性和实用性，干货十足，使用户可以在很短的时间内轻松掌握一门技能。

第二章 打造爆款内容，流量是商业盈利的基础 019

图 2-3

如图2-3，抖音账号"×××老师"是一个科普自媒体。作为知名的数学、物理教师和科普播主，其视频将枯燥难懂的数理知识讲得通俗易懂，为用户带来了趣味和知识，受到众多学生和科普爱好者的喜爱。

4. 商品类内容

通过抖音短视频展示商品，是现今很多商家的首选。这类内容主要以推荐商品、引导用户购买为目的，包括种草类短视频、开箱类短视频和测评类短视频。用户被这些产品展示视频惊艳后，就会产生很大的购买欲望。

图 2-4

如图2-4，抖音号"××甄选"是新××推出的直播带货平台，短视频内容以推荐自营产品为主，致力于成为高品质农产品的缔造者。从董××直播带货出圈后，××甄选的知名度也迅速增长。由此可见，好的商品类内容，在收获粉丝的同时还可以直接实现盈利。

5. 萌宠、萌娃类内容

萌萌的事物总能吸引人多看几眼。在抖音短视频中，有很多可爱的事物。比如，萌萌的宠物，通过视频记录这些宠物的日常，也能吸引众多用户，尤其是喜欢萌宠的用户。做这类内容的视频，后期可以和宠物周边产品产生链接，从而进行变现。

另外，萌娃也是深受广大用户喜爱的内容。萌娃的日常既可爱又有趣，可以让许多已成为父母的用户产生感同身受的体验，所以受众较广。

如图2-5，抖音"×××小肉包"是一个以萌娃日常为主的短视频账号，其内容主要是××小朋友的搞笑日常、可爱瞬间。这些场景很容易给用户带去快乐，其表情包更是火遍全网。

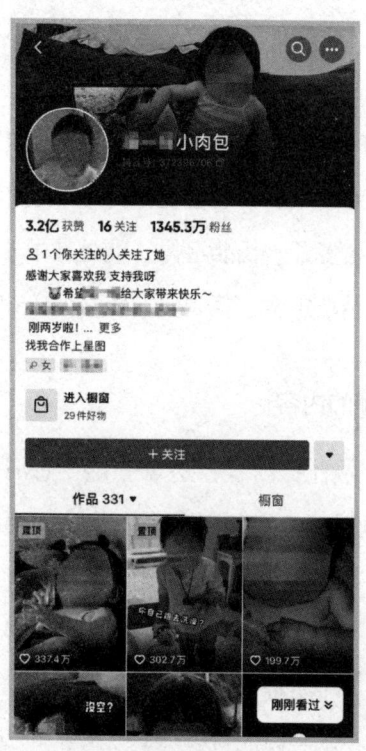

图 2-5

精准定位，找到获取流量的入口

抖音短视频的内容各式各样，内容创作者的数量也呈现出爆发式的增长态势。对于抖音商家来说，想要在如此激烈的市场竞争中占得一席之地，需要考虑的因素太多了。找准定位，就是其中非常重要的因素之一。

那么，如何才能精准定位，找到获取流量的入口呢？

1. 找到容易火爆的内容

一个抖音账号要做什么内容，这点一定要想清楚。上一节我们讲了要选对容易火爆的短视频内容，但在众多热门的主题中，想要找到最适合自己的那个是很不容易的。你的视频只有足够有特色，才能得到粉丝的青睐。

做好内容定位，一个重要的方法是为账号确定一个独特的内容场景。从这个场景去挖掘用户感兴趣的选题，具体我们可以通过以下几个步骤来完成。

第一步：进行市场调查和数据统计分析，确定要做什么。

第二步：借助场景分割法，明确目标用户所处的场景。找到那些发生频次较高的内容场景，并围绕场景做内容规划。

第三步：考虑变现的概率，确定场景，明确内容的定位。

第四步：进行人物形象设定，策划视频内容，确定分镜脚本。

第五步：拍摄视频，进行剪辑，完成视频制作。

第六步：上传视频，进行推广，根据实时反馈数据，调整定位。

2. 了解用户的真实需求

无论做什么内容都离不开用户，所谓"得用户者，得天下"。在定位时，了解目标用户的喜好，挖掘用户的需求很重要。如图2-6所示，在做内容前，要善于发现用户的真实需求，而且要对需求进行分析，这样才能获得精准的流量。

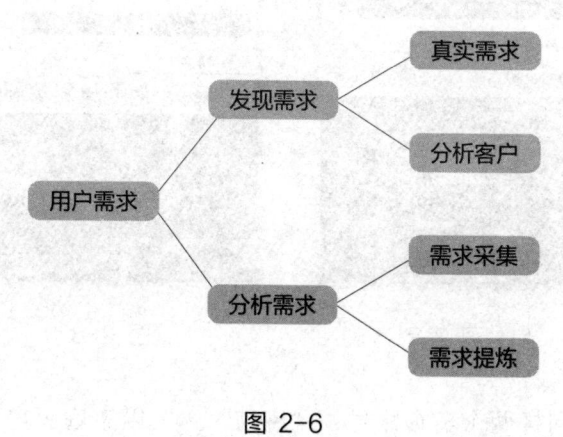

图 2-6

另外，作为运营者，我们还要对用户的年龄、性别、地域、职业和消费能力进行定位分析，以获得目标用户的人群画像，这样就能更精准地进行产品的推广和营销。

3. 要有差异化的特点

抖音短视频最重要的就是"火"。火爆的短视频才会有点击率、点赞、评论和关注。想要让短视频火爆，在定位内容的时候就要做出差异化。所谓差异化，就是在内容结构、表达方式、表现场景、拍摄方式、特效等方面做出差异。

我们知道，在抖音短视频内容的选择上，每一个选题内容都有成千上万的账号。想要从中脱颖而出，就必须要有自己独特的卖点。

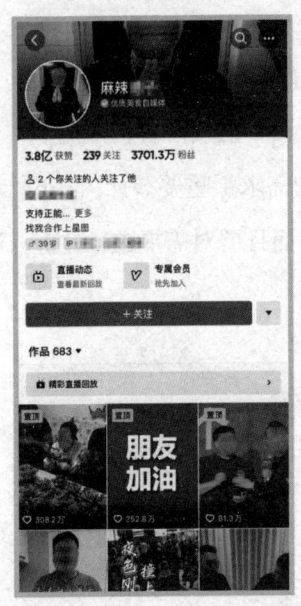 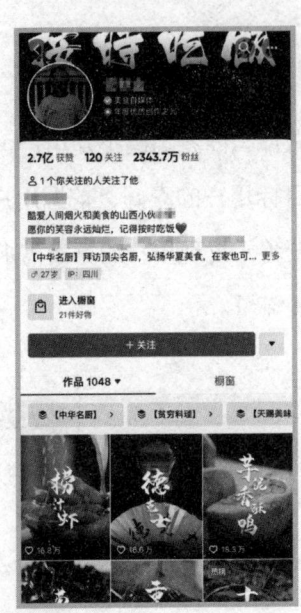

图 2-7　　　　　　　　　图 2-8

比如，同样两个美食账号，"麻辣××"以家庭厨房为背景，简单实用的美食教程，真诚礼貌的态度非常受观众喜爱，如图2-7所示。"×××"则是一位"90后"的山西小伙，以说唱的方式教观众做中华名菜，也吸引了很多粉丝，如图2-8所示。可见，只要做出差异，即使是同样的选题内容，也一样可以火爆。

4. 做自己擅长的领域

做抖音短视频，不能一味跟风，不能什么火就做什么。在决定做什么之前，一定要考虑自己擅长的领域。只有做自己擅长的领域，才有源源不断的素材，才能不断输出新的内容，否则就会难以坚持。

另外，任何一个领域或行业的内容都是极其广泛的。想要找到最适合自己的那一个，我们还需要对行业进行细分，从某个重点细分的领域入手打造抖音账号。比如，做摄影教学视频，可以是单反相机的拍摄技巧，也可以是手机拍摄的技巧，还可以是摄影后期的技巧。细分到自己最擅长的行业，做出高质量的短视频，才是收获粉丝的保证。

掌握一套属于自己的短视频拍摄语言

有了好的选题内容,怎样拍摄才能更好地将其展示给用户,这也是抖音运营者需要掌握的一项技能。一个短视频从策划到发布,其中的拍摄环节占了很大一部分,想要拍出特色,运营者需要掌握以下技巧。

1. 巧妙布置光线

摄影是用光的艺术。在拍摄短视频时,光线应用得好可以极大地提升视频的质量,让人物更加饱满,让产品呈现出质感。

人物光线布置。很多短视频拍摄的场景都在室内,通常用一盏环形灯作为主光源。但如果想要获得更好的效果,只用一盏灯的光源是远远不够的,还需要另外加辅助灯、轮廓灯,相互配合,如图2-9所示。

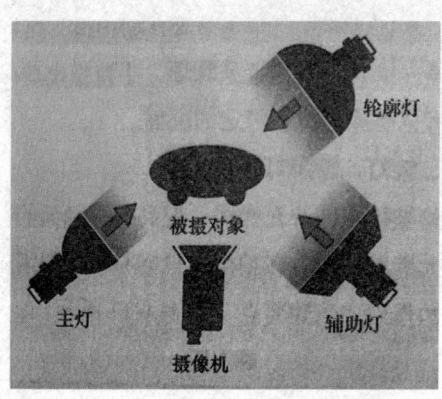

图 2-9

物品光线布置。与拍摄人物不同，物品的拍摄更加讲究光线的应用。比如美食、服饰、化妆品等，这些物品要呈现出质感，才能惊艳到用户。这就需要我们准备主灯、柔光屏、卡纸等。布光时采用侧面打光或背面打光的方式，就可以让物品呈现立体感和光泽，如图2-10所示。

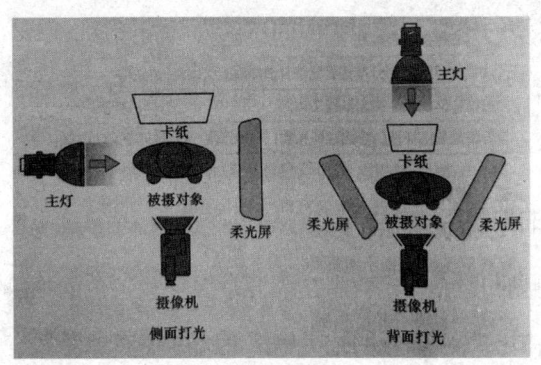

图 2-10

2. 流畅的运镜方式

在拍摄抖音短视频时，为了增加画面的丰富感，运营者需要学会一些运镜技巧。所谓运镜，是指拍摄时通过移动摄像机机位，或改变镜头焦距进行拍摄。通常运镜的方式有推、拉、摇、移、跟、环绕等手法。

推镜头。指拍摄对象位置不动，镜头由远及近地向拍摄对象推进拍摄，逐渐实现从远景到近景再到特写镜头的拍摄。这样的拍摄手法可以起到渲染情绪、烘托氛围的效果。

拉镜头。指镜头逐渐远离画面主体，向后拉远，视野不断扩大，由局部呈现整体。拉镜头可以形成视觉反差，增强画面的气氛。

摇镜头。摄影机保持不动，利用三脚架让摄影机进行360°的旋转或升降式的拍摄，比较适合用来拍摄主体的运动态势、方向和轨迹。比如篮球比赛中，镜头往往跟着球的运动方向摇动。

跟镜头。指镜头跟着主体运动进行拍摄，可以突出拍摄主体，丰富画面的运动旋律，让观众感受周围的场景。

移镜头。指摄像机在水平方向按照一定的运动轨迹进行拍摄，通常需要借助滑轨、移动摄影车等工具。移镜头可以让画面的背景不断变化，给人一种身临其境的感觉，增加画面的感染力。

环绕镜头。指摄像机围绕主体进行180°或360°环绕拍摄，拍摄难度相对来说要大一些，但可以增强画面的空间感和高级感。

3. 独特的拍摄手法

学会了用光和运镜，运营者还需要掌握一些特色的拍摄手法。尤其是在进行商品拍摄的时候，好的拍摄手法能更好地展示商品。

（1）**场景化拍摄**。指通过一系列商品使用场景的展示，让用户感觉这个商品在某些场景下适合自己，从而激发用户的购买欲望。比如好物推荐类视频，就可以结合场景来拍摄。

（2）**讲解式拍摄**。这是产品短视频比较常见的拍摄形式，即在拍摄视频前先了解这个产品的用途和目标人群，然后通过真人出镜的讲解形式来告诉用户产品的优势和使用方法。通常，讲解人的声音要好听，情绪要饱满，这样用户才会被吸引。

（3）**情景剧拍摄**。是指以情景剧的形式来植入自己的商品。如果你想让自己的视频被更多的人看到，尝试用情景剧的方式拍摄是很不错的选择。通过情景剧的形式，可以把产品的功效植入剧情里面。利用剧情冲突引发笑点，让用户参与讨论，吸引用户的关注。

了解底层逻辑，写出爆品文案的妙招

抖音短视频拼的不仅是高质量的视频制作，而且文案也是极其重要的一部分。很多爆款短视频都会有一两句文案感人肺腑。因此，想要做出爆款内容，就必须用文案在短时间内为用户提供有层次的内容，这样用户才会顺着文案继续看下去。

一个完整的短视频文案，首先要在开头埋下伏笔，比如悬念、焦虑、向往、内幕等，让用户产生期待。有了期待，用户才有继续观看下去的动力。其次，要构建场景，从时间、地点、人群等角度构建场景，让用户产生更多的代入感。结尾文案要提炼金句，把核心观点加以升华，用户才能产生认同感。

具体来说，想要写出爆款文案，运营者可以学习以下几种方法。

1. 强调用户痛点

用文案强调用户内心的痛点，通过短视频演绎放大，让用户感同身受，随后给出解决方法，营造一种为用户解忧的形象。

如图2-11，"吃货乌拉拉"在推荐自热饭盒时，是这样写文案的：

如果你的宿管阿姨看到电器就查，这几样东西，你一定要收藏。第一个免煮自热饭盒，很有趣，我居然现在才知道这个东西，它是有三层的，底下一层放自热包，上面煮泡面、螺蛳粉啊，甚至火锅都行……

图 2-11

很多大学生想在宿舍开小灶，又不能使用大功率电器，"吃货×××"用文案描述这一痛点，随后推出解决痛点的办法——免煮自热饭盒，而且对其功能和优点进行描述，让用户充分了解了该产品。

2. 提炼核心卖点

一个商品是否是用户需要的，能不能让用户心动，很重要的一点能否用文案展现该商品的核心卖点。

在寻找商品核心卖点时，运营者可以从商品的品质、创新、包装设计、稀缺性、价值、价格等方面来提炼，最终形成文案。需要注意的是，卖点并不是越多越好，一篇文案重点突出两三个卖点就可以了。

如图2-12，一款刷碗刷盘子的产品，文案是这样写的：

它的吸油性确实好，像这么油腻的盘子，擦起来特别轻松。它虽然吸油但不挂油水，一冲就干净，干了之后就变硬，不容易滋生细菌，遇水以后又变大变软了……

图 2-12

文案描述了产品的几个核心卖点：吸油性好；不挂油水，一冲就干净；干了就会变硬，不容易滋生细菌；遇水后变软。这么好用的洗碗神器，很容易激发用户的好奇心和购买欲。

3. 展示促销福利

能吸引用户眼球的文案就是成功的，在商品推荐的短视频中，善于用促销与福利的文案同样可以迅速吸引用户的目光。比如，描述折扣，展示前后价格对比，描述福利，等等。

图 2-13

如图2-13，"××贪吃女"发布的薅大虾片的羊毛文案"领完券居然才9毛钱""新人特价1.9元起"，这些文案直白地把各种优惠展现出来，引起用户的好奇心，非常有吸引力。

4. 宣传稀缺性

在商品推广短视频中，想要有效煽动用户，激发用户的购买欲望，运营者可以使用宣传稀缺性的文案。具体可以从限时、限量、限价三个方面着手。比如"活动只有1天，马上结束。""最后100套，售完即止。""活动价只需699元，活动结束立即恢复1299元，现在买可以省600元。"

如图2-14，买雪中飞羽绒服，送手提包的文案"活动期间，到店前200名可免费领取毛毡手提包一个，只有200个，先到先得"，通过宣传免费赠送手提包、限量200个来吸引用户。

除此之外，在写短视频文案的时候，运营者还可以正话反说，戳中用户痛点。或通过数字、事件对比反差，吸引用户的关注。

图 2-14

后期剪辑技巧让短视频更出彩

经过后期编辑加工的短视频往往比原视频要更有吸引力，这是因为在编辑加工的过程中，通过添加字幕、配乐、滤镜等对视频进行了优化。比如，剪辑多余的视频部分，内容会更加紧凑；裁切画幅，让主体放大，凸显主体；进行调色，增加氛围感等。

具体可以从以下几个方面进行短视频的优化。

1. 添加字幕

短视频拍摄完后，我们需要给其加上字幕。这样可以让用户更好地理解视频内容，提升用户的观感。添加字幕的方法很简单，如图2-15，点击画面右上角的"文"，即可弹出如图2-16的画面，输入文字即可。在视频节页面的下方可以选择字体，拉动右边的竖条可以调整字幕大小，点击上方的四个按钮，依次可以调整字幕的①居左、居中、居右，②字幕的颜色，③给字幕加底色，④为字幕配音。按住屏幕中的字幕可以随意移动、调整字幕的位置。

第二章 打造爆款内容，流量是商业盈利的基础 035

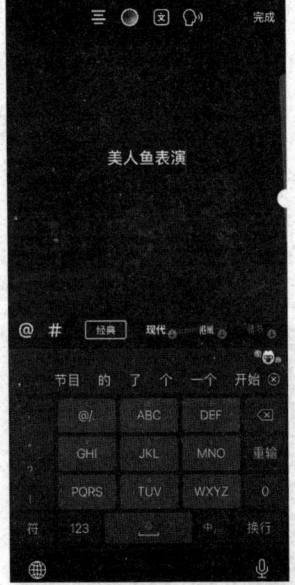

图 2-15　　　　　　　　图 2-16

2. 添加背景音乐

好的背景音乐对抖音短视频至关重要，如何选择恰到好处的背景音乐，是每一个抖音运营者必须掌握的技能。具体怎么选呢？我们可以从以下三个方面入手。

（1）**根据视频的调性选择音乐**。每个视频都有自己的调性，比如一些高级感的短视频，就需要用到高雅的音乐；而日常搞笑类的短视频，选择接地气的音乐会更加契合。

（2）**根据视频的内容选择音乐**。不同类型的短视频内容选择的音乐类型也不同，比如旅游类的短视频音乐要以轻快、优美为主；鸡汤类的短视频音乐可以是感伤、励志、淡然，或是振奋的。只要音乐传递情绪能与短视频的内容相配，就会让用户在观看时更加入戏。

（3）**根据视频的节奏选择音乐**。在配音过程中，注意音乐的节奏性很重要。节奏太慢会影响用户情绪的带入,太快又会产生仓促感。因此,背景声音的节奏要与视频统一,以免造成不良的观感。

了解了如何选音乐后,运营者就可以直接为视频添加合适的音乐了。如图2-17,点击上方的"选择音乐",即可弹出如图2-18的页面,抖音会推荐适合视频内容的音乐。如果觉得推荐的音乐不合适,还可以点击"搜索",输入关键词或歌曲名,找到合适的音乐。

图 2-17

图 2-18

3. 添加滤镜

要使短视频更加出彩,我们还可以为其搭配一个好看的滤镜。抖音自带丰富的滤镜功能。如图2-19,点击视频页面右栏中星星按钮,即可打开滤镜页面,里面包括梦幻、转场、动感、自然、分屏、材质等各种特效。如图2-20所示,是添加人鱼滤镜后的效果。

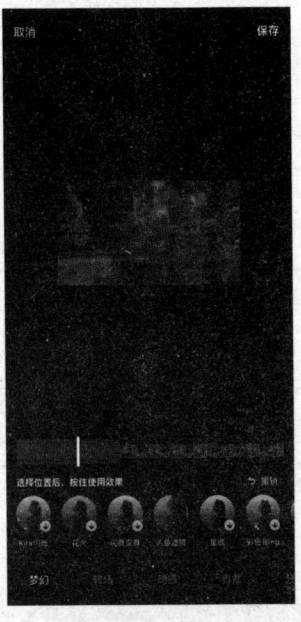

图 2-19　　　　　　图 2-20

虽然抖音自带添加字幕、背景音乐和滤镜的功能,但如果想要获得更加良好的后期效果,运营者还需要用到更专业的视频处理软件,比如剪映 App 等,在电脑上剪辑完整的视频后,再到抖音发布。

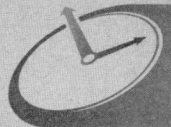

第三章
精准吸粉,抓住属于你的意向用户

虽然说"酒香不怕巷子深",但在抖音激烈的流量池里,再好的内容也不一定能吸引粉丝。抖音电商依靠的就是巨大的流量,只有粉丝足够多,才能更好地实现商业变现。因此,建立自己的私域流量池很重要。本章将分享如何精准吸粉,抓住意向用户。

抖音流量池的等级与分配规则

在抖音运营的过程中，我们经常会听到流量池这个专业术语。那么，什么是流量池呢？从专业的角度解释，它是"营销学"网络成交倍增体系提出的一个新概念，指的是流量的蓄积容器，是为了防止有效流量流走而设置的数据库。

巨大的流量池能够吸引电商等运营者入驻抖音。我们知道抖音提倡去中心化，每个运营者在初期都可以享受相同的流量待遇，无论有没有知名度，也无论发布什么样的内容。总体上讲，抖音平台都给予了比较公平的流量推荐。

作为抖音运营者，非常有必要了解流量池的等级和分配规则。

在介绍流量池的等级之前，首先需要声明一点，这只是典型的等级划分，并不是说运营者在跨过第一道门槛之后就能迅速获得中级流量池。

1. 初级流量池

初级流量池是指抖音平台为每一位入驻抖音的运营者在初次发布短视频时给予的一个初级的流量推荐，这个流量可能只有几百个。但千万不要小看这一点点流量，它能够决定视频是否能获得更多的流量。如果能在初级流量池领先，则可以大大提升胜出的概率。

通常，初级流量池的通过并不算难。只要内容不违规，大多都能够进入下一级流量池。不过，需要注意的是，发布的第一条短视频通常会给用户留下第一印象，所以一定要格外重视第一条短视频。

2. 中级流量池

想要进入中级流量池，需要具备一定的创作能力，因为从初级流量池进入中级流量池的过程需要经过多项审核。如果短视频在初级流量池中获得了不错的表现，就会进入中级流量池。到了中级流量池这个阶段，可以获得1万～10万的流量。短视频的热度涨幅进一步增大，粉丝量也会迅速增长。

当然，即便进入了中级流量池也不意味着胜利，如果这个时候稍有松懈，流量就可能终止。此时，作为运营者要更加努力，持续专注地做好账号内容，这样流量池才会源源不断地提供热度，从而获得用户更多的反馈。

3. 精品流量池

能够进入精品流量池的绝对是精英，因为精品流量池带来的流量至少在100万以上。达到了这个高度，说明视频内容很受用户的喜爱，至于能继续往上获得多少流量就看运营者自己的本事了。

在精品流量池阶段，运营者需要做的是趁热打铁，进行最后一搏，很多头部账号都是在获得精品流量后崛起的。虽然进入精品流量池是一件很有难度的事情，但只要沉下心来进行内容创作与账号管理，就一定有机会实现。

持续输出是粉丝稳定增长的基础

一个视频内容的火爆不足以成就一个优质的抖音账号，想要不断获得粉丝，就必须要持续生产优质内容。抖音很火，为什么做成功的很少，因为95%以上的抖音运营者都被内容的持续输出所困扰。

一个没有持续输出的账号，即使前面的视频热度不错，也很容易让粉丝失去耐心，无法继续吸粉。持续输出内容并不是一件简单的事情，很多时候抖音运营者会有江郎才尽的感觉：找不到好素材，没有更好的创意，索性停止更新。

面对这样的问题该如何突破瓶颈呢？

1. 建立素材库

抖音运营者想要保持定期、定量的内容输出，工作量和工作强度都不小。如果只是靠灵感或者临时查找资料，做一期更新一期，是很难维持的。想要从根本上解决这个问题，就必须建立素材库。

运营者可以通过三个步骤来建立自己的素材库。

（1）搜集素材。短视频运营是一个长期的过程。在日常生活中，运营者每天都会接触各种信息，可以把有用的信息搜集起来，以备不时之需。尤其是未来几个月要做的内容，要有规划和针对性地搜集相关素材。

（2）**挑选素材**。搜集素材的目的是为视频内容服务的，并不是所有的素材都适合用于账号内容，运营者要学会挑选素材。一是素材要有新鲜感，二是与日常相反的观点，三是符合自己账号主体的内容，按照这三个要求挑选素材即可。

（3）**存储素材**。搜集素材是为了方便使用，对大量的素材进行合理的存储也很关键。运营者可以将其做好分类、贴上标签，这样使用起来才更加便捷。

2. 掌握持续更新的技巧

除了要在平时建立素材库之外，运营者还可以掌握一些小技巧。它能让抖音运营的持续更新变得相对简单，主要可以从以下五点入手。

（1）**视频编辑以简单为主，不要搞得太复杂**。大多数视频都不需要太多的特效，在剪辑短视频时，不需要加太多内容，只要稍微点缀即可。片头、片尾、音乐、特效能模板化就模板化。

（2）**视频时长尽量保持在15秒以内**。前期尽量只做符合抖音15秒时间的内容，超过的可以先不选择；如果实在讲不完，可以分为上下集，或变成系列短视频。这样既保证了账号的更新，又提高了粉丝的黏性。

（3）**深挖领域内容**。在自己的领域里深挖内容要比到处撒网好得多。专注自己的领域不仅保证了视频方向的正确性，还可以把视频做得更有深度、更专业，同时也保证有足够的素材持续更新视频。

（4）**专注一个话题**。一个视频只围绕一个主题进行，不要延伸，否则粉丝记不住，还会显得内容很混乱。

（5）**不说废话，内容要精炼**。每个短视频一定要展示最精华的部分，不啰嗦，删掉没有必要存在的部分。

快速涨粉的核心是做爆款视频

想要在短时间内实现快速涨粉，最核心的就是做出爆款短视频。这和企业的运营逻辑类似，通常企业会推出一款爆款产品让大众关注，进而带动其他产品的销售。很多抖音账号都是由一个短视频火爆后提升知名度的。

因此，吸粉最重要的一个秘诀就是做爆款。当然，做出爆款并不容易，运营者可以从以下几个方面入手。

1. 好选题是爆款的前提

大多数爆款短视频不是偶然获得流量的，而是经过了精心的策划和制作。一个好的选题非常关键，它是打造爆款视频的第一步。通常可以按照以下方式选好爆款选题。

（1）**选题的受众要广**。通常做选题前要确定好内容定位以及目标受众，对爆款视频来说，越是受众广的内容越有成为爆款的可能。

（2）**选题内容要容易引起共鸣**。选题内容产生的共鸣越大，传播的效果就越大。想要让视频有共鸣，就必须选择戳中用户痛点的内容。

（3）**紧扣热点，巧蹭流量**。有热点的内容自带流量，我们既要做原创内容，也要善于借助热点。巧蹭流量要把握好热点的时间节奏与切入角度，避免内容同质化。

2. 抓住爆款的三个要素

（1）**内容要有稀缺感**。稀缺感是指非常稀少且需求未得到满足的一种感觉。在稀缺感的作用下，用户的注意力会自动转向未得到满足的需求上。比如，用户对健身有需求，那么他就会关注健身类的视频；用户喜欢旅游，那么他就会关注旅游类的视频。所以，在打造爆款视频前，首先要明确你的目标用户是谁，他们有哪些稀缺感。

（2）**内容要有冲突感**。每一个视频其实都在讲故事，冲突是故事的根本，没有冲突的故事索然无味。因此在短视频制作上，要善于抓住人与人的冲突、人与物的冲突等。

（3）**内容要有生活感**。视频生活化也是爆款必备的因素之一。视频内容越贴近生活，越接地气，越容易调动用户的情感，从而获得更多关注，甚至引发巨大的转发量。

3. 打造爆款视频的技巧

制作爆款视频，有好的选题和要素是远远不够的。运营者还要掌握以下技巧。

（1）**构造真实的场景**。场景化的展示容易给用户留下深刻的印象，无论是旅游类的视频，还是美食类的视频，真实的场景都会让用户有身临其境的感觉。这会让用户产生丰富的联想，吸引用户持续观看。

（2）**引起用户的好奇心**。好奇心能让用户一探究竟，提升完播率。那么，什么样的内容会让用户好奇呢？一方面可以话说一半，制造悬念；另一方面可以制造神秘感，引发用户的联想。

（3）**提供有价值的内容**。能为用户提供一定价值的内容才能不断地被传播，让用户在点击观看之后获得收益，他们才会点赞、转发。

（4）**关注用户的痛点**。这一点前面已经强调过很多次了，只有把用户最关心的痛点信息放进视频，用户才会真正关注。

善用情感触动用户主动关注

随着抖音短视频内容的不断增长,用户已经对很多内容产生了视觉疲劳,想要让自己的视频内容吸引用户的眼球变得越来越难。因此,抖音运营者奇招频出,那些成功的营销方案都有一个共同的特质,就是善用情感触动粉丝。

所谓情感触动,就是从用户的情感需要出发,唤起和激发用户的情感需求,诱导用户产生心灵的共鸣,从而获取用户的关注、点赞和转发。

运营者可以从以下几个方面做好用户情感的触动。

1. 站在用户的立场寻找痛点

首先,运营者要研究用户的诉求,只有了解了用户的诉求才能知道他们的痛点。站在用户的角度去感知他们对视频内容的看法,他们的情绪以及探究他们想要的东西,并思考这背后的逻辑,了解他们有哪些痛点需要被满足。

其次,多关注用户喜欢的视频,了解他们每天喜欢看的内容是什么,然后进行归纳,找到有效的解决方案。这样持续做下去,用户就会中意你的视频内容。

2. 选择恰当的情感主张

想要通过情感吸引用户，需要一个贯穿主旨的情感主张。这个情感主张可以是亲情、友情，也可以是奋进、独立等一些美好的品质。究竟选择怎样的情感主张最能直击粉丝的心灵？运营者可以从两个方面入手。

（1）选择情感主张要符合自身账号的定位。大多数抖音运营者或多或少做过情感营销，但并不是所有的情感营销都能够获得用户的关注，其主要原因就在于选择情感主张时与自身抖音账号的定位不完全相符。

（2）情感主张要有新意，善于捕捉很少被商业开发过的人类共有情感。如果只做那些老生常谈的梦想、自由、不要轻易放弃等话题，是很难引起用户共鸣的。

3. 创造与用户互动的好话题

想要吸引用户，最核心的方法就是引起共鸣，共鸣的最好方式是制造互动的好话题。有了好话题才能有的放矢、富有逻辑性及感染力，引起用户广泛的共鸣。

在建立话题的时候，要研究用户想听什么，而不是自己想说什么。基于用户的诉求，提出符合他们价值的内容，他们才愿意和你探讨话题。另外，用户最讨厌官腔官调，在与用户互动时表现要和善，这有利于深入地交流。

4. 情感触动不是强行煽情

虽然情感触动是吸引用户的一个好方法，但是在情感消费时代，如果一味地煽情，往往会适得其反。抖音运营者在创作内容时要合理地加入情感，但并不是"让人落泪"就可以成功。过度煽情是非常失分的手段，一定要把握好尺度。

用独特视角击中痛点，实现自然涨粉

在抖音运营的过程中，每一位运营者都希望实现快速涨粉。但现实是总会遇到涨粉速度慢、粉丝质量低等问题。面对这些棘手的问题，不少运营者急迫地开始付费买粉，想通过快捷的方式突破瓶颈。但这样的方式真的有效吗？

其实，不管是自然涨粉，还是付费买粉，都有各自的特点。自然涨粉涨幅比较平缓，但是粉丝质量高，容易推动账号的发展；付费买粉，粉丝短时间涨得快，但粉丝质量很低，很难产生价值。

可见，想要让账号获得长远的发展，靠付费买粉是不行的，自然涨粉才是运营者需要努力突破的。那么，如何通过自然涨粉杀出重围呢？

我们可以从独特的视角来运营账号。所谓独特，是指从账号的定位以及内容设置等方面去营造独特感，避免同质化。这样粉丝就不容易刷到相似度高的内容从而产生疲劳。独特的视角就是你的杀手锏，它可以让你在众多同类视频中脱颖而出。

不过，在选择独特视角时，必须先思考以下几个点。

1. 要有清晰的定位

无论做什么内容，都不能脱离定位。独特的视角是我们的追求，但如果为了独特而远离了原本的定位，再好的视角也会让粉丝感到不对味。所以，运营者在制作短视频时一定要有足够独特、清晰的定位，这才是前提。

2. 保证充足的素材

创造独特的视角需要有足够的素材做支撑，即使有了好的创意和想法，没有足够的素材也是难以实现的。不同的细分领域，适用于不同视角的素材也存在差异。运营者平时多搜集素材可以减少在创作短视频时受阻，从而提升内容质量。

3. 内容要有市场

在创作内容时，不仅要讲究视角的独特，还要从长远评估该视角有没有市场，具不具备商业价值。运营者要提前对选定的视角进行客观分析，这样更有利于账号的长远发展。

如果选定的视角同时满足以上三个条件，那么就可以进行创作了。这样的作品收获粉丝的概率会大大的提升。不过，光有独特的视角还不够，我们还需要挖掘、解决粉丝的痛点。做到这一点才算真正与粉丝建立了牢固的关系。

（1）**善于分析粉丝心理**。并不是所有用户都会将自己的真正需求用语言表达出来，因此，擅长剖析粉丝心理，在挖掘粉丝痛点时就会具有更多优势，也能更加精准地挖掘粉丝的痛点。

（2）**制造话题，引发痛点**。有话题就会有互动，在视频中制造话题，可以极大地击中粉丝的痛点，让粉丝在评论区描述自己的感受或需求。同时，运营者也要积极在评论区进行回复。

（3）**关注群体痛点**。独特的视角如果只能引发一小部分粉丝的痛点，效率就太低了。所以，在寻找独特视角的时候除了要追求独特性和差异性，也一定要考虑是否能引发广泛的群体痛点。

第四章
多渠道引流，构建私域流量池

流量是变现的基础，成功引流等同于创造经济效益。抖音有着巨大的流量，如何将流量引入自己的私域流量池，这是每一个抖音运营者最为关注的问题。本章将分享多渠道引流的一些方法和技巧，帮助你获得更多粉丝。

精准引流，学会给用户画像

引流是抖音电商运营者都在做的事，但并不是所有运营者都能够做好引流，有的甚至在引流的过程中迷失了方向。引流一旦没有找对方向，那么即使有了流量，最终效果也可能差强人意。为什么这么说呢？

举个例子，如果两个抖音电商账号在一周内增长的粉丝数量，一个是1000，一个是5000，前者成交了100单，后者成交了80单。单纯只看涨粉数，明显涨粉5000的账号要更加优秀些。但是，抖音电商是以销售产品为主要目的的。涨粉虽然多，但成交量低，说明粉丝质量不高，引流不够精准。

每个运营者都期待良好的引流效果，粉丝增长得越多越好。但作为抖音电商运营者，我们不能止步于此，进行引流时一定要做精准的定位。换句话说，就是精准引流追求的是质量而不是数量。

要想实现精准引流，就必须先明确自己想要获得怎样的目标用户。具体可以从以下三个方面来定位。

（1）**了解用户需求**。了解用户的需求和痛点，是电商运营者进行精准引流的前提。如果运营者并不了解用户想要什么，那么精准引流就无从谈起。至少，我们要了解用户对什么样的账号感兴趣，什么样的内容能获得他们的点赞、评论等。

（2）**是否符合账号或产品的定位**。每一个抖音账号都有自己的定位，运营者不仅要思考产品是否具备市场价值、潜力有多大，还要思考产品在抖音平台竞品多不多，运营难度等。在找准目标用户时，必须要考虑是否符合自己账号或产品的定位。

（3）**是否具备变现潜力**。并不是所有的用户都会变成忠实粉丝，而且在忠实粉丝中也不一定人人都会下单。所以，拥有变现潜力的精准用户对电商运营者来说是最有价值的，只有这样的粉丝才能真正带来利润。

明确了目标用户，接下来就是完成用户画像。所谓用户画像，是在大数据时代下，将用户的每个具体信息抽象成标签，利用标签将用户的形象具体化，从而更好地为用户提供服务。用户数据的精细化程度越高，精准引流的效果就越好。

虽然精准引流的用户质量很重要，但最终目标还是要实现数量化的高质量用户。为此，电商运营者需要在三个方面继续努力。

（1）**输出优质内容**。保持持续的内容输出，是电商运营者吸引、留住粉丝最基础的手段。但如果想进一步吸引更多的粉丝，提升粉丝的质量，就必须不断创作更多具有吸引力、创意十足的优质内容。

（2）**打造私域流量**。在快节奏的网络时代，同类竞品层出不穷，用户的喜好也在不断变化。当账号有了一定数量的精准粉丝之后，电商运营者需要及时巩固与精准粉丝的关系。这个时候可以考虑打造私域流量，增强与精准粉丝的黏性。

（3）**进行适当推广**。引流需要多渠道进行，电商运营者不仅要低头做优质内容，还要抬头做推广。抖音上付费推广和免费推广的形式有很多，运营者可以根据个人情况进行选择。用好各类推广工具，尤其是开屏广告和信息流广告，引流的效果会更加理想。

最常用的五种互动引流方法

我们常说"事在人为",抖音虽然给了每个短视频曝光的机会,但一味地坐等流量是行不通的。在运营的过程中,运营者必须想方设法地进行引流,只有努力为之,流量才会更多地流入账号。接下来,简单梳理一下目前比较流行的几种互动引流方法。

1. 评论区引流

抖音用户在刷视频时查看评论的次数越来越多。可谓短视频有料,评论区更有料。广大用户的才华在评论区展现得淋漓尽致,甚至有时看评论比看视频内容更精彩。因此,如果抖音电商运营者能合理利用抖音评论区进行引流,效果是非常好的。

比如,抖音电商运营者在发布短视频后可以进行自我评论,让荒芜的评论区"长草"。内容可以是对视频内容的适当补充,这样能有效引导其他用户积极地参与评论,提高视频的评论量;也可以是回复用户的疑问,促进用户下单,提升销量。

需要注意的是,评论区引流需要注意三点:一是第一时间回复粉丝的评论;二是面对相似的问题,最好不要重复回复;三是注意规避敏感词汇和敏感问题。

2. 大小号互动引流

借助大号的粉丝量和名气推广小号，可以让小号快速地提升流量和关注，实现相互引流。这个方法简单容易操作，不仅可以积累粉丝数量，还可以形成抖音号矩阵，扩大影响力。不过，在大小号互动引流的过程中，运营者要注意以下两点。

一是选择有价值的小号。用大号的影响力推广小号，小号一定要有价值。否则粉丝不买账，大号原有的粉丝也会取消关注。

二是大号和小号必须要有关联性。大号和小号必须在四个方面有着关联：文化价值观相似；内容相似；粉丝的属性相似；视频的风格要相似。

3. 进行KOL（关键意见领袖）互动引流

一个独立的账号，其影响力是有限的。但如果能够与其他账号建立联系，进行互动，那么就可以更好地搅动流量。因此，抖音运营者要学会多账号互动，这是必须掌握的一种引流方式。主要包括以下几种。

（1）**与关键意见领袖同框出镜**。即与关键意见领袖一同出镜，通过互动或角色扮演的方式，实现互相引流。

（2）**账号信息互推**。如果与其他账号达成合作关系，就可以互相把对方账号填入简介或合适的地方，借助对方账号提升曝光量，这也是引流的一个方法。需要注意的是，互推内容不要涉及私人信息。

（3）**通过文案@对方**。发布短视频时，运营者可以通过@他人的方式，让对方看到自己的视频，这种方式也可以增加短视频的曝光量。

4. 私信流量引流

每个抖音账号都有"私信"功能，电商运营者可以通过私信向用户发送消息，用户也可以通过私信向商家咨询商品情况。因此，利用好"私信"功能，可以起到很好的引流效果。试想，如果用户突然收到了来自关注的商家的问候私信，用户一定会产生好感。

另外，如果是通过认证的企业号，对于用户的私信还可以设置自动回复。运营者可以设置趣味、让用户产生印象深刻的回复话术。当然，运营者也需要及时查看用户的消息，有针对性地进行回复，以实现更好的引流。

5. 直播互动引流

当下，各种直播活动非常火爆。对于电商运营者来说，直播是非常适合进行流量变现的一种手段。在直播卖货的过程中，通过与用户的互动，可以拉近与用户的距离。

不过，在吸粉、引流的阶段，直播不要过于商业化，哪怕目的就是带货、赚取利润，也不能表露得过于明显。这个时候的粉丝不是特别稳固，如果在直播过程中一味地推销产品，很有可能会导致粉丝流失。

因此，电商运营者在初期最好走轻商业化的路线，让直播间的风格更加生活化，与用户像朋友一样聊聊天。就像东方甄选的董宇辉一样，用知识和阅历与用户唠家常。让用户感觉不是纯粹在推销商品，而是在进行交流，这种舒适感会带来更多的流量。

做好网店引流，轻松实现电商爆款

抖音作为一款短视频App，有着强大的电商功能，很多产品都在抖音热卖成为爆款。当下，随着流量的碎片化趋势越来越严重，传统电商平台的流量越来越少。因此抖音这个拥有巨大流量的短视频平台，就成了电商引流的新阵地。

所以，电商运营者只要能做好网店引流，就可以大大提升爆款的概率。具体可以从以下两个方面进行引流。

1. 寻找达人合作，进行付费引流

对于电商运营者来说，在初期流量较少的情况下，可以寻找抖音上有流量和有知名度的网红或达人进行合作，通过付费的方式邀请他们拍摄短视频，并在短视频内容中投放广告，为自己的店铺或产品引流。

与抖音达人进行合作引流的效果非常明显，适合用来打造爆款。不过，抖音达人因为具有非常高的知名度，他们在选择合作商家或商品时，要求也会比较高，而且广告费用贵。因此，在打造爆款的时候，要充分考虑投资回报率。

另外，电商运营者在寻找抖音达人合作时，尽量找与自己店铺产品相关的"达人"，这样带来的流量会更加精准，转化率也会更高。例如，以销售图书为主的商家可以寻找作家、主持人等达人合作。他们更具有说服

力，这样获得的流量都是热爱知识的人，用户下单购买的概率要大很多。

运营者还需要注意的一个问题，在选择合作的达人时，不能选有负面新闻的达人，否则容易损害店铺的形象，而且还有账号被封、商品下架的风险。那些口碑好、形象好的达人更值得合作。

2. 自建店铺，打造IP引流

对于电商运营者来说，流量就意味着销量。想要掌握流量的主动权，就需要多条腿走路。除了寻找与达人合作，电商商家也需要在抖音建立自己的流量池，自建店铺是一条可持续发展的道路。在抖音巨大流量池中打造自己的IP账号，努力成为KOL。

在短视频平台打造IP，其带来的流量是非常精准的，而且转化率也比较高。不过，IP的运营需要付出一定的精力，而且单纯在抖音上输出内容，想要在众多抖音账号中脱颖而出，实现流量的沉淀也不是轻而易举的。

但从长远来看，打造属于自己的IP要比单纯寻找达人合作要好。因为每个商品都有自己的品牌名，只有形成自己的专属品牌IP，用户才能记住你。

微信导流，最大化挖掘粉丝价值

电商运营者都希望能够长期获得精准的流量，当抖音账号积累了一定的流量后，为了打造更精准的私域流量池，运营者可以将这些粉丝导流到微信平台。

微信作为一款社交App，用户使用率和消息触达率都非常高，如此庞大的流量平台，利用好了，就可以很好地沉淀流量和维护粉丝。因此，打造一个短视频引流→微信导流→店铺变现的商业闭环，对于电商运营者来说非常重要。

那么，如何进行抖音账号的微信导流呢？这里，为大家介绍以下几种方法。

1. 在短视频中进行微信导流

这种方法是在制作短视频时，将微信号展示在视频内容里，方式可以由主播说出来，也可以通过背景展现出来。用户在观看视频时，可以留意到微信号，如果视频火爆或满足用户的需求，那么，其中的微信号就可以将用户引流到微信。

需要注意的是，展示微信号的时候最好不要直接在视频上添加水印。否则很难通过审核，甚至有可能会被系统封号。

2. 在账号简介中进行微信导流

抖音账号的简介越简单明了越好，通常是"描述账号+引导关注"的模式，即前半句描述账号的特点或功能，后半句展示引流方式，比如展示微信号。如图4-1所示，抖音账号"旖旎××"在简介中通过拼音简写展示微信号。

图 4-1

在账号简介中展现微信号是目前最常用的导流方法，而且修改起来非常方便快捷。但需要注意的是，账号简介可以用多行文字。在展示微信号时，切记不要直接出现"微信"二字，而是使用拼音的简写或符号代替。

3. 在账号名字里进行微信导流

账号名字导流，即在个人名字里设置微信号进行导流。需要注意的是，抖音对于名称中含有微信号的审核非常严格，电商运营者在使用该方法时需要非常谨慎。

想要在账号名称里加上微信号，操作非常方便，进入"我"页面，点击头像旁的昵称，即可进入"编辑个人资料"页面，点击"名字"一栏，进入"修改名字"页面，在"我的名字"文本框中输入新的名字，点击"保存"按钮即可。

4. 在抖音号中进行微信导流

抖音号通常是一串字符，与微信号基本一样。电商运营者可以将自己的抖音号直接修改为微信号。只是抖音号只能修改一次，一旦审核通过就不能修改了。所以，在修改前一定要想好，这个微信号是否会长期使用，而且要注意千万别输错了。

另外，把抖音号直接改成微信号也有一个弊端：微信号的好友添加是有上限的，一旦引流的人数超过上限，就无法通过抖音号进行导流了。因此，电商运营者可以将抖音号设置为公众号，这样可以有效避免这个问题。

5. 在背景图片进行微信导流

抖音账号的背景图片不仅可以展示图片，也可以在图片中加入文字等信息。背景图片的展示区域相对较大，也比较显眼。因此，在背景图片中展示微信号，导流的效果也非常明显。

通过抖音背景图片展示微信号的方法很简单，进入"我"页面，点击页面上方的背景图片，点击"更换"按钮，即可以更换带有微信号的背景图片。

有效利用POI引流的三种方法

互联网流量的红利已经过了巅峰期,电商运营者想要让更多的用户关注自己,借助抖音的顶级流量进行POI引流是一个很好的方式。POI是Point of Interest的英文缩写,意思是"兴趣点"。但在抖音上,POI指的是针对某个视频拍摄的"位置"进行相关信息的展示。

如图4-2,我们可以从账号页面看到门店的名称、营业时间、人均消费、具体地址、导航、联系电话以及优惠团购等信息,这些信息就是POI展示。当用户刷到这类账号时,他们可以直接在线上进行团购,然后再前往线下店铺消费。

图 4-2

POI最直接的应用方式是在发布视频时进行定位，从而实现精准的导流和转化。它具有连接线下门店与线上用户的功能，对门店具有重要的营销价值。

除了实现线上流量的转化，携带POI信息的视频还会被优先推荐给该地区的用户，视频在同城页及相应城市专题页中出现的概率会增加，视频的播放量和互动数会增多，门店曝光的概率也会大大提高。

可见，POI功能的强大。不过，电商运营者想要真正发挥出它的价值，还需要掌握一定的方法和技巧。通常可以通过以下三种方式有效地利用POI功能。

1. POI+DOU+：提升门店曝光率

DOU+是为抖音创作者提供的视频加热工具，可以提升视频的播放量，增加内容的曝光。已经投放DOU+的短视频，系统会将其推荐给更多的人，从而增加展现的机会。为自己的视频投放DOU+，只需点击视频右下角的"···"，再点击DOU+上热门即可，如图4-3。

图 4-3

投放DOU+，有如下优势：一是操作便捷，二是流量优质，三是投放灵活。POI搭配DOU+功能，一定要有优质的内容作为基础，两者搭配在一起可以实现优质短视频内容和门店信息的高度曝光，同时能帮助线下门店快速、精准地找到目标用户，并提升用户到店消费的概率。

2. POI+团购：让用户产生消费闭环

随着抖音的电商化越来越火热，已经有很多商家开始使用"POI+团购"的方式将线上流量引流到线下门店。这样做的好处是，可以用较低的成本获得更大的收益，以及提升门店的知名度，让更多的用户因团购优惠而来。如图4-4，在账号页面，可以直接购买优惠团购套餐，以此吸引用户到店消费。

图 4-4

POI+团购的方式给了用户明确的信息，它写明了商家的具体地址和营业内容，还显示出了商家在做的优惠团购活动，这些具有吸引力的优惠价格,很容易刺激用户的消费欲望。

因此,当你的线上店铺获得了众多粉丝之后,你就可以充分利用POI+团购的结合方式,将线上粉丝引领到实体店铺,实现线上到线下的消费转化,这样一来,你的店铺就会获得更多关注。

3. POI+话题:引爆内容流量池

对于电商商家来说,如何展示POI的页面最能吸引用户?最关键的一招就是要紧紧抓住用户的"兴趣点",并利用POI将产品的卖点与目标用户的兴趣点相契合。这种方法的核心在于将产品卖点与用户感兴趣的话题相结合,进而引爆POI内容流量池。

图 4-5

如图4-5,黄山风景区为了挖掘景区亮点,以"夏日里的一口甜,险峰、云雾、迎客松,都在丝丝冰甜里。炎炎夏日,来黄山,有好事……"为话题,让用户产生好奇,提升账号的关注度。

我们知道，线上用户的基本行为是一个从开始注意到产生兴趣，然后进行搜索，最后行动和分享的过程。抖音自带的POI+话题，可以助力账号营销更加直观化、带动销量，吸引用户从线上走入线下。学会POI引流，是抖音电商实现"带货"的重要技能。

第五章
巧用抖音搜索，利用大数据引爆流量

虽然大多数抖音用户习惯不停地刷视频以寻找喜爱的内容，但依旧有很多用户会选择抖音搜索来精准地寻找自己想要的内容。电商运营者千万不要忽视抖音搜索板块，如果能充分地利用起来，便可以为自己的账号和内容带来巨大的流量。

建立搜索矩阵，让粉丝主动找上门

抖音搜索是一个非常实用的功能，通过搜索关键词，可以查找与该关键词相关的视频、用户、音乐、话题等。无论是运营者还是用户，通过抖音搜索都可以了解当下最热门的话题和趋势。尤其是运营者，可以借助这些搜索板块打造搜索矩阵，让粉丝主动找上门来。

1. 借助"猜你想搜"，获取用户兴趣特征

抖音搜索中的"猜你想搜"显示的是用户搜索较多的一些内容，通过这些内容可以获取到用户的兴趣特征。进入抖音搜索页面，即可看到搜索栏下方的"猜你想搜"版块，如图5-1所示。点击"猜你想搜"下方的任何一条信息，即可弹出与之相关的大量视频内容页面，如图5-2所示。

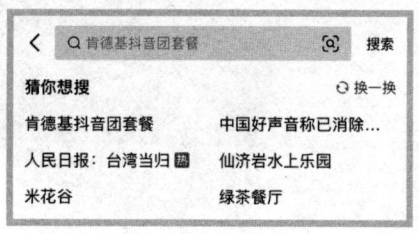

图 5-1

第五章 巧用抖音搜索，利用大数据引爆流量

图 5-2

"猜你想搜"板块反映了用户的搜索习惯与兴趣，这些内容能够聚集大量的兴趣人群。运营者如果制作与之相关的视频，就能吸引到大量对该内容感兴趣的用户，从而获得更多的流量。

2. 借助抖音热榜，提升视频热度

"抖音热榜"是抖音平台对实时内容的热度进行排名的榜单，位于"猜你想搜"板块的下方，在"抖音热榜"下方的列表里，排列着当下最热门的短视频内容信息，如图5-3所示。点击任意一条信息，如"可爱到'爆炸'的猫咪"，即可查看有关猫咪的一系列视频，如图5-4所示。

图 5-3　　　　　　　图 5-4

"抖音热榜"是衡量内容热度的一个重要榜单,抖音运营者可以参考其中的热点内容进行视频创作,借助热榜内容的热度,提升自身视频的热度,以此获得用户的关注。

3. 借用品牌榜,查看同行排名

抖音搜索页面中的"品牌榜"是根据品牌的热度进行排行的一种榜单。点击搜索页面下方的"品牌榜",即可查看当下各种品牌的热度排名,如图5-5所示。品牌榜的分类非常丰富,包括汽车、手机、美妆、奢侈品、食品饮料、家用电器、母婴、服饰鞋帽等,运营者可以查看各类品牌产品的排名情况及热度。

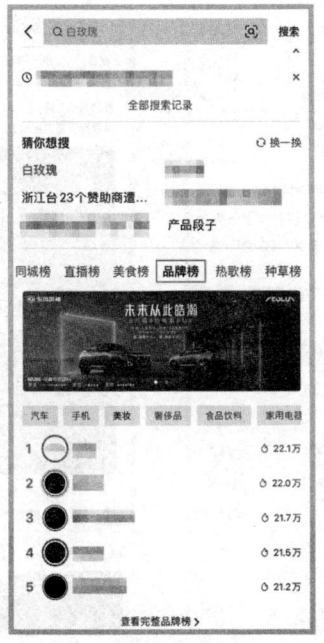

图 5-5

点击排名商家，即可进入"抖音品牌词"页面。在该页面，可以查看该商家品牌的达人分析、搜索指数、品牌综合指数、品牌综合指数解读等数据，运营者可以根据这些数据了解相关品牌的运营情况，学习同行的运营经验。

4. 借助种草榜，找到受欢迎的商品

"种草榜"是抖音平台对当下热门的商品、打卡地等进行评测或攻略的排行，位于"品牌榜"的右侧，如图5-6所示。点击榜单中的任意一条信息，便可跳转至该信息页面，如图5-7所示，通过这种方式可以查看该商品的热门视频。

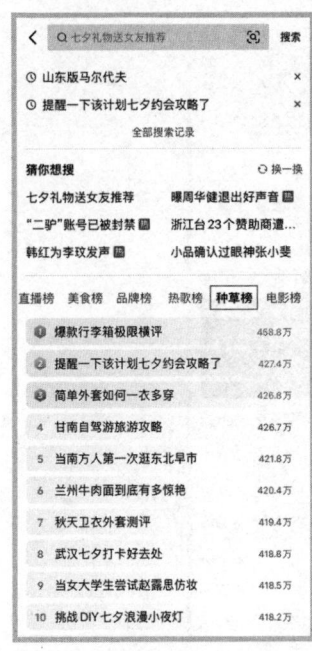 

图 5-6　　　　　　　　图 5-7

能够进入"种草榜"排行的商品,一方面是用户对该商品比较感兴趣,另一方面是商品的质量有保障。因此,运营者可以通过查看该榜单的商品和视频,找到受用户欢迎的好商品,为自身的短视频带货提供参考。

借助音乐热搜榜，提升短视频热度

抖音短视频不仅需要有创意的内容，还需要有匹配的音乐。很多时候，"魔性"的音乐可以让内容一般的短视频也成为爆款。显而易见，优质内容+热度音乐，能为短视频带来更多流量和热度。换句话说，就是一条抖音短视频能不能火，其中包含的音乐和话题都非常关键。

运营者在制作短视频的时候，除了要选择热门的话题，配乐也要尽可能选择当下比较流行的。只要视频中的音乐和话题是抖音用户比较喜欢和关注的，那么这个短视频自然会受到更多抖音用户的欢迎。

因此，抖音运营者在制作短视频时，可以先通过抖音音乐榜单找到受抖音用户欢迎的音乐和话题，然后将这些音乐和话题加入短视频中，以提升短视频的热度。

那么，如何通过抖音查看音乐热搜榜呢？

第一步：打开抖音搜索页面，切换到"热歌榜"页面，如图5-8所示。

第二步：点击"热歌榜"下方的任意一首歌曲，即可进入"抖音音乐榜"页面，在这个页面中分别可以查看"热歌榜""飙升榜""原创榜"，如图5-9所示。

　　　图 5-8　　　　　　　　图 5-9

第三步：如果想进一步查看音乐榜歌曲的详情，可以点击歌曲右边的"≡"按钮，进入歌曲页面，查看与该歌曲相关的短视频，还可以拍同款，如图5-10所示。

图 5-10

通过这些步骤，运营者可以了解当下最热的抖音音乐，寻找创作的灵感，巧妙地利用热搜榜音乐为自己的短视频增加热度，这是获得流量的有效方法之一。

利用搜索快速找到合作达人

无论是企业还是商家，在运营抖音账号时，一方面可以利用自身优势打造短视频达人，让短视频中的商品更受用户的欢迎；另一方面也可以直接找达人合作，通过达人带货，推广商品，以此获得收益。

通常情况下，寻找达人合作的渠道很多，抖音搜索就是其中之一。

运营者可以通过抖音搜索与抖商相关的内容，快速找到需要合作的达人。打开抖音搜索页面，输入"带货达人榜单"，在跳转的页面中即可查找带货达人榜，如图5-11。运营者可以根据自己账号的定位和需求，寻找合适的达人进行合作。

另外，抖音运营者还可以通过抖音搜索页面中的"直播榜"寻找合适的达人合作，打开抖音搜索页面，点击页面下方的"直播榜"，即可展示当下热门直播达人的排名，如图5-12所示。运营者也可以在这里找到合适的达人进行合作。

在抖音搜索栏中直接搜索达人，可以精准地获得达人信息，并且达人排名比较优质；而"直播榜"展示的则是当下正在直播的达人热度排名，需要更加耐心地进行精选。运营者可以两者结合搜索，快速找到适合自己账号内容的达人进行合作。

第五章 巧用抖音搜索，利用大数据引爆流量

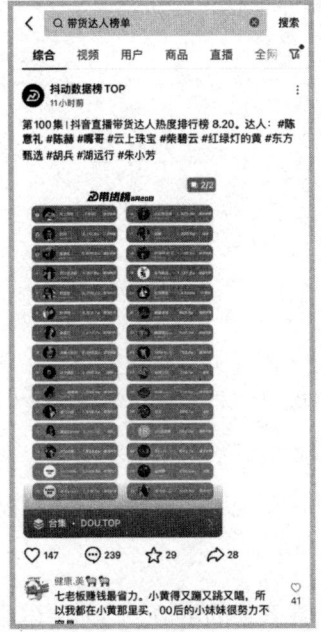

图 5-11

图 5-12

为什么一定要做SEO

SEO即"搜索引擎优化",是指通过对内容的优化获得更多的流量,从而实现自身的营销目标。抖音运营者想通过短视频实现引流、变现,进行SEO是必不可少的。运营者通过对抖音短视频的内容运营,可以实现内容霸屏,并让相关内容获得快速传播。

不过,进行搜索引擎优化并不是一件容易的事情,这需要运营者花费大量时间和精力,而且不一定能立即见效。但运营者又不得不做,主要是因为进行SEO有以下几个好处。

1. 短视频内容更容易被看见

进入抖音搜索页面,用户随意搜索感兴趣的内容时,在跳转的页面中,呈现出来的内容是比较有限的。在"综合"页面只能展示一个短视频内容,如图5-13所示;在"视频"页面则可以展示4个短视频内容,如图5-14所示。用户如果想要查看更多短视频内容,就必须上下滑动页面。

如果进行抖音短视频SEO,那么短视频的排名就会获得提升,这样一来,你的抖音视频会排在搜索结果的前列,用户在浏览时更容易看见。

图 5-13　　　　　图 5-14

2. 提升账号的涨粉量和点赞量

经过SEO的短视频，不仅会被更多抖音用户看到，而且往往能够起到为抖音号快速增粉、提高点赞量的作用。也就是说，在搜索页面，短视频排名越靠前，该视频账号越容易获得更多粉丝；而排名越后，看到的抖音用户相对较少，起到的增粉作用也就有限。

如图5-15所示，在搜索"云南"两个字时，排在最前面的一个短视频点赞量为84.7万，排在第二位的则只有31.7万，越往后的排名点赞量越少。可见，通过SEO，让自己的短视频排名尽量靠前，是十分有利的。

当然，出现这样的数据差异与视频的具体内容有一定的关系，但这也是受视频搜索结果的影响。用户在搜索查看同一类视频时，往往会从排名靠前的开始看起。

3. 提高品牌的曝光度

前面已经提到，进行SEO可以让更多的用户看到我们的短视频内容，而且可以获得更多的粉丝和点赞量。因此，对于企业或品牌商家，在发布抖音短视频时进行SEO之后，视频的营销效果会得到增强，从而促进品牌曝光度和认知度的提高。

4. 提高商品成交量

我们知道，热度越高、粉丝越多的账号或短视频内容，获得成交的概率就会越大。比如，同一个类型的两条短视频，其中一条短视频的播放量为30万，另一条短视频的播放量为5万。那么，毫无疑问，播放量高的短视频总成交总量高的概率会大很多。

因此，运营者要善于借助短视频SEO，提升自身短视频的成交量。比如，如果对只有5万播放量的短视频进行SEO，那么，也会有可能达到30万播放量的效果。这样一来，短视频的商品成交量自然而然就提高了。

抖音短视频进行SEO的技巧

既然短视频SEO如此重要,那么应该如何进行操作呢?其实,最关键的就是短视频关键词的选择。通常,进行短视频关键词选择可以考虑两个方面:一是根据短视频内容或预测方式选择关键词,二是关键词的使用。

抖音运营者想要用好关键词,第一步就是选择合适的关键词。一般来说,关键词的选择有以下两种方式。

1. 根据内容选择关键词

每个抖音账号都有自己的定位,运营者在进行短视频创作时,选择的关键词一定要符合账号的定位。否则用户即便看到了短视频,也会因为内容与关键词不对应而选择划走,这样的情况下关键词就起不到任何作用。

2. 通过预测选择关键词

关键词不仅要符合账号定位,而且最好有一定的预见性。抖音搜索中的许多关键词都会随着时间的变化而具有不稳定的升降趋势。比如,有的关键词当下很热,但是很快热度就下去了;有的关键词虽然当时不温不火,但是未来一段时间就火爆起来了。因此,抖音运营者在选取关键词之前,要有一定的预测能力。

预测关键词,可以从两个方面入手。

一方面，关注社会热点新闻。热点新闻是人们关注的重点，当社会热点新闻出现后，随之就会出现一大波新的关键词。因此，抖音运营者要及时关注社会新闻，学会预测热点，抢占时机，将热点关键词用于自己的抖音短视频中。预测社会热点关键词可以从四个方面进行，如图5-15所示。

> 寻找少见的社会现象和新闻
> 寻找具有共鸣的新闻热点
> 寻找特别的社会现象和新闻
> 寻找大多数用户感兴趣的热点新闻

图 5-15

另一方面，根据季节性或节日性预测。抖音用户在搜索关键词的选择上可能会呈现出一定的季节性或节日性差异。比如，同样是搜索服装，就有春夏秋冬四季的差异，同样是搜索送花，也有母亲节、情人节、教师节等节日的差异。因此，抖音运营者需要根据季节性、节日性预测用户搜索时可能会选取的关键词，具体也可以从四个方面进行，如图5-16所示。

> 节日祝福，如新年快乐、端午安康等
> 节日习俗，元宵节吃汤圆，端午节吃粽子等
> 特定短语，如七夕送玫瑰等
> 节日促销，如618大促销，双十一大优惠等

图 5-16

由于关键词的季节性、节日性波动比较稳定，因此，季节性、节日性的关键词预测还是比较容易的，抖音运营者只需在特定的时间里注意加入

相关的关键词即可。

除此之外,在添加关键词之前,抖音运营者统计出近期出现频率较高的关键词后,还需要了解关键词的来源,这样才能更恰当地应用关键词。抖音运营者也可以通过在抖音号介绍信息和短视频文案中增加关键词使用频率的方式,让内容尽可能地与自身业务联系起来,营造出一种更加专业的感觉。

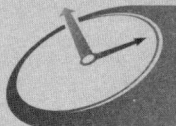

第六章
广告投放，拓展流量与变现渠道

抖音平台拥有着巨大流量，运营者能否抓住流量全凭各自的本事。无论是新入驻，还是已经入驻了一段时间，运营者想要获得更多的粉丝，实现商业变现，进行广告投放是必不可少的。那么，应该如何进行广告投放，以及通过哪些方式投放广告和变现呢？本章将为你解答。

短视频广告合作的角色与变现流程

当下,短视频的商业变现模式已经成熟,抖音运营者可以通过短视频广告来实现变现。越早制定广告变现的逻辑和产品线,就越有机会获得广大品牌的青睐。不过,在广告变现之前,运营者需要了解广告合作中的基本组成角色和流程。

具体来说,短视频广告合作中所涉及的角色主要包括广告主、广告代理公司以及短视频团队。

1. 广告主

所谓广告主,就是品牌、企业或者商家等有推广需求的人或组织,也是广告活动的发布者。说得通俗一点,广告主就是出钱做广告的人。

近年来,随着抖音短视频的火爆,越来越多的流量流入移动端,短视频广告也越来越火,这主要是因为其投入成本比传统广告更低,而且覆盖的人群更加精准,同时植入产品的成长性更强,可以有效触达品牌受众。因此,很多商家为品牌宣传采用定制化的短视频广告。

2. 广告代理公司

广告代理公司是一个更加专业的角色,可以为广告主提供定制化的全流程广告代理服务,同时也拥有更多的广告渠道资源和达人资源,能够制作更加贴合品牌调性的短视频广告。

通常大型企业和大品牌会选择与广告代理公司进行合作，这是因为他们有着渠道和资源的优势，而且制作能力也远远高于小团队。

广告代理公司一般实行集中化和标准化模式运作，在整体规划下进行专业化分工，这可以让繁杂的短视频广告业务变得简单起来，提高经营的效益。

3. 短视频团队

短视频团队是短视频广告的最终制作者，其任务包括策划拍摄、内容制作、后期剪辑等，短视频广告制作的好坏会对其转化产生直接的影响。

作为短视频团队，不能只是本着为广告主拍摄广告视频的打算，而是要本着为粉丝提供优质内容的心态，这样制作的短视频才能得到粉丝的关注。短视频团队一定要转变传统的广告思维，注重内容，注重用户体验，把粉丝的痛点和广告主的需求完美结合，打造高转化率的短视频广告作品。

运营者了解了广告合作的各个角色，就能更好地进行广告变现。值得注意的是，运营水平的差异也会影响变现的效果，想要实现理想的广告变现一定要有人气基础且植入广告的内容要优质。除此之外，运营者还要掌握短视频广告合作的变现方式以及流程。

1. 短视频广告变现方式

（1）冠名广告。指的是运营者在平台上策划一些有吸引力的短视频或挑战赛活动，并设置相应的活动赞助环节，以此吸引一些广告主的赞助来实现变现。这种广告变现的主要表现形式包括片头标板、主持人口播和片尾字幕鸣谢。

（2）**植入广告**。指短视频创作者在视频内容中软性植入广告的形式。它一般在短视频里不会直接介绍产品，直白地夸产品有多么好的效果，而是选择将产品渗入视频情节，在潜移默化中将产品信息传递给用户。

（3）**品牌广告**。即以品牌为中心，为品牌和企业量身定做的专属广告。这种广告形式从品牌自身出发，主要为了表达企业的品牌文化、理念而服务。这种广告变现更为高效，制作费用也相对较高。

（4）**贴片广告**。即通过展示品牌本身来吸引大众注意的一种比较直观的广告变现方式。这一广告变现形式主要出现在推送的视频内容中，且一般出现在片头或者片尾，紧贴着视频内容。

2. 短视频广告合作的基本流程

第一步：**做好预算规划**。广告主首先需要做好广告预算规划，然后才能选择广告代理公司和短视频团队，并进行意向沟通。

第二步：**商谈价格**。广告主明确表达自己的推广需求，根据广告合作形式、制作周期以及达人影响力等因素与合作方商谈价格。

第三步：**团队沟通创作**。商定价格后，广告主需要和短视频团队充分沟通品牌在短视频中的展现形式，确认视频内容、脚本和分镜头等创作细节。

第四步：**进行视频拍摄**。短视频团队根据广告主的需求进行实际拍摄，广告主或代理公司需要全程把控，避免改动风险，抓牢内容质量。

第五步：**渠道投放**。短视频制作好后，最后一步就是投放到指定渠道，吸引粉丝关注，并进行效果量化和评估等工作，以及进行后期的宣传维护。

投放DOU+的基础操作与技巧

做抖音运营，谁都想上热门，如何更好地上热门？选择投DOU+绝对错不了。DOU+是抖音官方为运营人员提供的一款视频加热工具，它可以让运营者低成本地获取流量。运营人员购买DOU+之后，抖音平台会将运营人员发布的短视频精准地推送给更多目标用户，提高短视频的播放量和热度。简单来说，投放DOU+就是做付费推广。

1. DOU+的投放方法

运营者在刚发布作品时，人气较少，此时借助DOU+工具可以更好地为自己的短视频引流，吸引更多用户观看，甚至直接转化变现。投放DOU+的具体步骤如下。

步骤一：打开抖音App，点击主页面右下角的"我"，进入页面后，点击右上角的图标，然后点击"更多功能"，找到"DOU+上热门"，如图6-1所示。

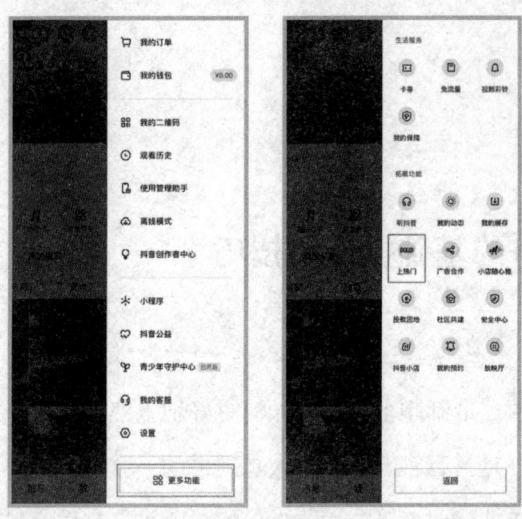

图 6-1

步骤二：进入"DOU+上热门"页面后，选择想要上热门的短视频，点击"上热门"，如图6-2所示。

图 6-2

步骤三：进入"速推版"订单页面，可以选择不同的支付金额，金额越高，看到这条视频的人数就越多，然后点击"支付"即可，如图6-3所示。也可以点击"更多能力请前往定向版",进入页面后,可以选择"系统智能推荐"和"自定义定向推荐"这两种投放方式,最后点击右下方的"支付"即可,如图6-4所示。

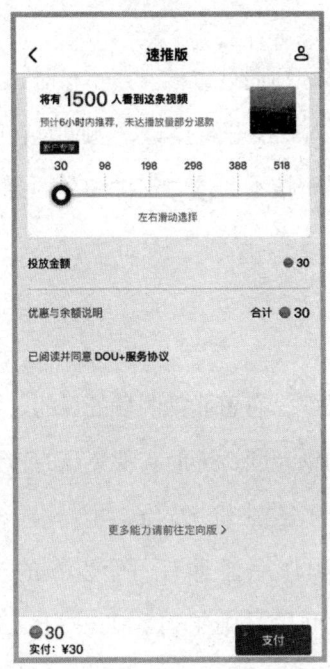

图 6-3

图 6-4

2. DOU+的审核标准与要求

当运营者在上传短视频进行DOU+投放时,抖音平台会对短视频内容进行审核。一般来说,内容审核的标准与要求主要包括四点,运营者要熟记于心。

(1)短视频内容禁止出现违法违规、低俗色情、血腥恐怖、危险动作及泄露和曝光个人隐私的行为。

(2)短视频内容禁止出现未授权使用的第三方内容、影视剧、综艺节目等素材和搬运站内外的视频。

（3）禁止短视频中出现含有联系方式、二维码、链接、抽奖、送红包、站外平台导流等招揽信息。

（4）禁止出现未成年人代言拍摄商业营销内容、单独出镜和涉及高风险行业等元素。

遵循这些原则和标准，基本都能够顺利通过审核。在审核时长方面，如果是在白天上传短视频，一般1小时内就能获得反馈；如果是在晚上上传短视频，审核时间则要长一些。如果审核不通过，支付的金额会在48小时内退还至DOU+账户。

3. DOU+的投放技巧

抖音运营者通过DOU+进行付费推广，有着非常明确的目的，即获得更多推广，吸引更多粉丝，提高账号的曝光度，进而实现更高的转化。想要实现DOU+的投放效果最大化，就必须掌握一些技巧。

（1）**选对投放时间**。抖音短视频作品通常有一个发布的较佳时期，通常情况下发布短视频的黄金时间段是中午11：00—11：30、下午5：00—7：00以及晚上10：00—12：00。同样，投放DOU+也应该选择黄金时间段，进行DOU+投放的时间最好在短视频发布后的1~2小时内。运营者可以根据短视频的内容特性和实际情况选择合适的投放时间。

（2）**选择合适的投放模式**。DOU+的推广是将通过审核的短视频推送给潜在的目标用户，通过用户的观看、传播带动数据增长，主要包括"速推版"和"定向版"两种投放模式。速推版可以直接选择推荐人数和需要提升的指标，比如30元可以获得1500个推荐量，提升的指标则包括点赞评论量和粉丝量。定向版可以选择"系统智能推荐"和"自定义定向推荐"。前者是系统根据视频内容投放给相同兴趣的用户，后者是根据目标用户的特征如性别、年龄、地域、兴趣等选择一些标签进行定向投放。

（3）"小额多次"投放。想要让投放DOU+的效果达到最佳，最好选择"少量多次"投放。尤其是刚开始进行DOU+投放的新手，不要一次性投入太多。在投放的过程中，运营者要实时关注各项数据的表现，根据数据的好坏选择是否继续进行投放。如果数据表现非常好，则可以趁热打铁，获得更多流量。

总之，运营人员在制定DOU+投放方案时，除了要选对时间、合适的模式和投放次数，还要时刻关注用户的活跃度，不断对DOU+投放方案进行优化，这样才能使投放效果达到最佳。

巨量引擎带来的高效营销

抖音运营者要进行营销推广离不开一个工具,即巨量引擎广告投放平台。它是由字节跳动公司整合今日头条、抖音、西瓜视频等产品的营销能力,推出的营销服务工具。它可以通过多元覆盖用户生活的场景,占据用户的各种碎片化时间,让营销更加高效。

1. 巨量引擎的基本要素

巨量引擎一般包含了三大基本要素,分别是广告组、广告计划、广告创意。每一个要素又包含了更细致的内容。广告组包含推广的目的和预算分配;广告计划包含推广的地域、用户的定向、出价方式、预算设置等;广告创意包含创意展现的位置、网址链接等。

(1)广告组。通过新建广告组,可以选择相应的营销链路,包括品牌认知、用户意向、行动转化三个层级。品牌认知重点优化广告主的产品曝光度,用户意向优化用户与企业产品的互动行为,行动转化则优化用户对企业产品的转化行为。

(2)广告计划。新建广告计划,可以选择优化的目标,随后系统会向最有可能做出该目标行为的用户推送广告,智能广告系统还会根据广告主设置的定向,选择效果最好的广告位进行投放,使其触达更多目标用户。此外,广告主还可以设置投放场景、竞价策略、投放时间、付费方法等。

（3）广告创意。广告主可以根据自己的想法在原有创意的下方添加创意内容，这种附加创意的方式可以弥补传统推广样式的不足。

2. 巨量引擎的广告营销策略

随着流量红利的衰退，通过广告获客的成本越来越高。巨量引擎作为一个优秀的广告营销工具，凭借其出色的营销效果被越来越多的人青睐。那么，巨量引擎是如何实现高效的营销效果的呢？

（1）**确定营销目标，满足差异化诉求**。巨量引擎总结了应用推广、门店推广、抖音号推广、头条文章推广、商品推广等营销目标，广告主可以根据自己的诉求选择不同的营销目标，实现线上线下的互动转化。

（2）**高效生产内容**。巨量引擎推出了很多创意工具，包括创意中心、程序化创意等，这些工具可以有效提高视频制作的效率和质量。

（3）**整合流量，实现精细化覆盖**。巨量引擎投放平台可以自动整合流量，为广告主提供最佳的投放建议，实现智能、灵活投放。

（4）**优化投放方式，满足用户需求**。巨量引擎可以对各种投放方式进行组合，实现精准投放，从而满足不同用户的需求，而且还可以自行优化投放方案，以获得较好的营销效果。

（5）**构建转化闭环，提高转化率**。巨量引擎推出了很多预估模型，包括点击率、转化率等指标，通过数据对接可以有效提高目标的转化效率。

总之，巨量引擎作为一个精准营销平台，可以通过以上优势，让广告的创意、制作和效果都得到全面优化，抖音运营者应该好好利用。

入驻巨量星图，让营销效果可视化

巨量星图平台是抖音官方推出的推广任务接单平台，主要的作用是为品牌主、MCN（多频道网络）公司以及短视频创作者提供广告服务，并从中收取分成或附加费用。巨量星图平台不仅可以链接多个广告主帮助其投放广告，还可以链接视频达人帮助其接广告。

1. 巨量星图平台的优势

巨量星图平台作为抖音官方的唯一渠道，无论是达人，还是品牌主都非常值得入驻。相较于其他短视频广告平台，巨量星图平台有着自己的优势。

1）巨量星图平台是抖音唯一的官方渠道，广告投放任务公开报价，可以提供权威、丰富的数据，从投前到投后全链路智能化数据，让营销效果可视化。

2）拥有智能便捷的达人匹配功能，实现了Top达人的全覆盖，结合达人的内容特征与粉丝画像，从而增强达人营销效果。

3）提供安全的线上交易环境，广告主和达人可以在网上及时沟通，交付后再付款，减少合作纠纷的出现。

2. 入驻巨量星图平台的步骤

运营者想通过巨量星图平台接广告,需要先入驻星图平台。目前,开通巨量星图平台的要求是:抖音粉丝量≥1000,且移动端开通直播电商带货任务,或直播品牌推广任务或抖音粉丝量≥10000,满足任意一个条件即可开通。具体操作步骤如下。

1)进入巨量星图平台官方首页,在主页面点击右上角的"登录星图",选择"达人/创作者"项,跳出"登录"选项框,点击"我是抖音达人",如图6-5所示。

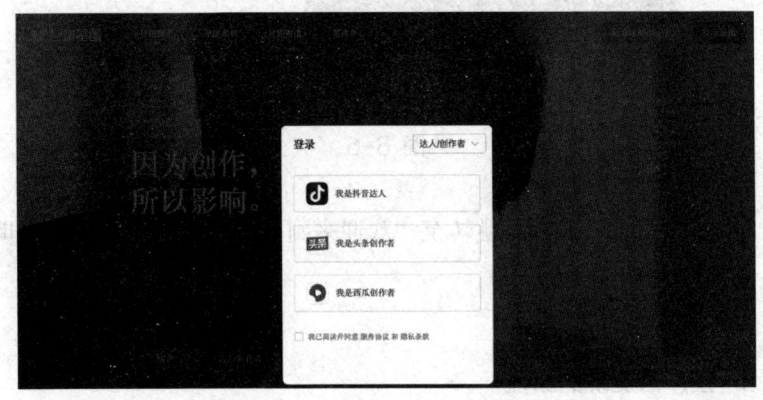

图 6-5

2)页面跳转至二维码登入页面,打开抖音App,扫码即可进入"账号中心",如图6-6所示。勾选"我已阅读并同意服务协议和隐私条款"后,点击"使用手机号码一键绑定"即可登入。

图 6-6

3）操作完成后，页面跳转至"欢迎来到星图平台"页面，就说明账号注册成功。

3. 接广告变现的路径

入驻巨量星图平台之后，就可以通过接广告投放任务来获得收益。不过，想要更好地接广告变现，还需要完善三个任务：一是绑定媒体账号，这一步通常在登入巨量星图平台时系统会自动完成媒体账号的绑定；二是申请开通任务，需要点击"去验证"，以获取接广告投放任务的资格；三是完善报价信息。

完成这三步后，就可以寻找广告主进行合作。接下来，以接广告（投稿）为例，分享具体的操作步骤。

进入"任务大厅"→"我可投稿"页面，选择感兴趣的任务，点击"参与投稿"。

跳转至任务详情页，可以查看任务类型、考核标准、奖金剩余百分比、结算规则等，点击"我要投稿"参与任务。

弹出"接受任务"对话框，点击"确定"即可。接下来，按照规定时间上传视频，超过规定的时间则不能参与任务。

视频审核通过后，则进入数据计算和瓜分奖励阶段；如果未通过，则需要按规定重新拍摄、上传，直到审核通过。

投放千川广告，助力销量加速

巨量千川是抖音平台发布的一个电商广告平台，主要为商家和创作者提供一体化营销解决方案。其经过多次的调整，已经具备了整合多端投放能力，覆盖全经营角色，可以有效提高品牌在直播带货、短视频带货场景中的曝光度，帮助商家提升经营效益。

1. "号店一体"的赋能营销

"号店一体"是巨量千川推出的一种新营销方式，可以有效帮助商家扩大销售规模，提高成交率和转化率。具体来说，巨量千川从以下三个方面赋能营销。

（1）内容制作。在内容制作上，巨量千川不仅从市场、行业角度为商家提供宏观的分析，而且从商家个体的角度提供微观的分析。另外，巨量千川为商家提供了内容素材和创意工具，也提供了优质短视频达人和服务商，运营者既可以自己创作内容，也可以选择进行外包。

（2）投放优化。巨量千川为短视频带货与直播带货推出了互动、添加粉丝、成交等环节的精准优化方案。如果商品难以扩大销量，则为其提供双目标优化；如果商家精力有限，则为其提供自动化托管服务。

（3）助力营销。为了更好地赋能，巨量千川制定了一系列数字营销工具，可以帮助商家更好地选品、沉淀粉丝，提供实时的销售数据以及建议，并对成交转化、长期经营收益及用户资产价值等指标进行评估，让商家做出科学的投资决策。

2. 选对品才有转化的基础

无论投放怎样的广告，选对品都十分重要。通过千川实现"爆量"的产品，通常具有以下特征。

（1）**卖点明确**。卖点包括品质、感官体验、包装设计、价值共鸣、稀缺性、附加值、售后服务等。

（2）**性价比高**。产品不仅质量不错，而且价格实惠。

（3）**质量保证**。产品有可靠背书，比如第三方检测、免检产品、知名KOL推荐、假一赔十、7天无理由退换、全国联保等保障。

因此，运营者在投放巨量千川前，要对自己的产品有足够的了解，针对不同等级的产品采取不同的营销方式。

对于点击率、成交量高的热销品增加展示方式、加大投放；对于点击率低、成交量高的潜力品需要优化话术、多方向测试、在高峰时间段加大投放；对于点击率高、成交量低的衰退品，可以从价格优惠、产品组合打包、视觉展示方面进行优化；对于点击率、成交量都低的产品，要思考产品本身是否优质，或者投流方向是否有偏差，如果综合得分确实较差，则可以放弃该类产品或者作为福利发放。

3. 做好定向，投对目标人群

在做定向之前，运营者要明确自己的定向要精确到什么样的程度，如何选择用户规模能最大限度地提升投资回报率，然后选择定向的方式。通常定向的分类有四种。

（1）**基础定向**。覆盖面广，放量速度快，但是投放不够精准，比较适合测试初期。

（2）**达人定向**。精确度比较高，适合测试初期及尝试扩大投放群体时期。

（3）**徕卡定向**。是指行为兴趣定向，精确度较高，但覆盖的面较窄，适合模型初步形成、优化调整阶段。

（4）**DMP定向**。DMP是指数据管理平台，运用DMP定向可以方便运营者通过标签广场组合想要的用户标签。

了解了定向的分类，在具体应用的过程中，运营者便可以用交集筛选出更精准的群体，也就是说在这四种定向类型中找到共同的优势，然后进行组合定向。

两两交集组合定向。在四种定向类型中选择其中两组进行定向。比如"基础定向+达人定向""达人定向+徕卡定向"等，通过这样的集合，用户群体会进一步收窄，提升精确度。但前提是定向的大方向没有跑偏。

三三交集组合定向。这种定向圈定的用户群体比两两交集更加精准，比较适合产品覆盖面广的大众爆品。

不同的组合定向各有优势，运营者可以根据自身账号的具体情况来选择。需要注意的是，定向是一个需要不断优化的过程，及时调整才能保持大方向的准确性。

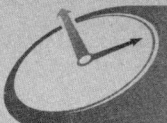

第七章
短视频带货，将粉丝转化为客户

抖音作为短视频平台，不仅可以输出娱乐化的内容，而且可以直接输出产品内容。商家和运营者通过短视频推介自己的产品，可以起到很好的推广作用，尤其是通过短视频带货，还可以将粉丝转化为客户，实现直接的收益。

短视频带货有着怎样的优势

随着抖音电商化的发展，抖音短视频带货的火爆程度已经超越传统电商。那么，为什么商家纷纷入驻抖音，并且在这里进行商品销售呢？这主要得益于短视频带货有着巨大的优势。具体来说，主要体现在以下几点。

1. 带货的品类较多

虽然抖音只是一个短视频平台，但其覆盖的产品非常丰富，几乎包括了所有传统电商平台销售的产品。比如鲜花、家纺、食品、美妆、电器、珠宝等。

一方面，运营者可以根据账号垂直情况，同时结合消费者情况，选择适合自己的产品类目；另一方面，用户也可以通过短视频选择适合自己需求的产品。

2. 购物比较便捷

运营者创作短视频时可以结合目标消费者的需求来制作内容。当用户在刷抖音短视频时看见符合自己需求的产品时，他们就可以直接点击视频下方的链接，进入产品页面进行收藏、加入购物车、下单等操作。

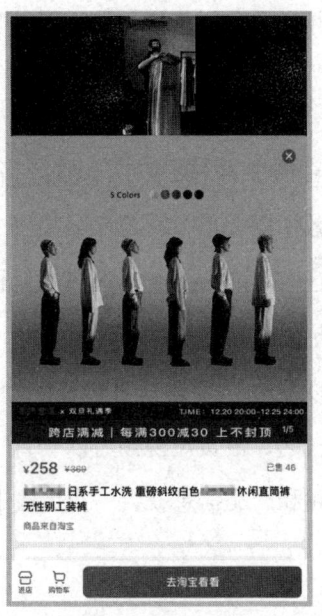

图 7-1

如图7-1，在展示男士裤子的短视频中，用户如果对展示的裤子有需求，就可以直接点击下方的"购物"，页面将直接跳转至产品页。用户可以选择进店，也可以选择去"淘宝看看"，只要款式、价格合适，就可以直接购买，非常便捷。

3. 流量转化率高

抖音作为兴趣电商，是基于人们对美好生活的向往，并满足用户潜在的购物需求。在抖音强大的流量背景下，短视频只要内容足够好，就能吸引用户下单，产品转化率也会比较高。

另外，用户在购买商品时，通常会听取自己信任的人的意见，当一个账号积累了大量粉丝，那么粉丝就会比较信任该账号的内容。每当账号发布新品的时候，粉丝可以第一时间查看，只要对产品有需求，就极有可能点击视频中的购买链接，然后下单购买，流量转化率自然也会更高。

4. 没有时间限制

与直播带货对时效性有着严格要求不同，短视频带货是提前录制好的，时效性要长得多，将产品拍摄成视频，发布后就可以长时间存在。旧的视频还有可能因为主播人气的累积，或者其他视频的火爆而出现流量爆发、销量增长的情况。

可以说，只要运营者创作的短视频一直有人看，就会有下单的可能性。换言之，带货短视频可以一直"存活"在用户的视线里，只要用户喜欢，视频和产品信息就会一直传播下去。

带货选对品，轻松实现高转化

在抖音电商领域，有句话叫"三分靠运营，七分靠选品"。由此可见，商家或运营者通过短视频带货时，需要针对自己的账号特点选择合适的商品，这样才能实现高转化的效果，从而获得更多的收益。

1. 满足用户需求的产品

不同的账号受众不同，运营者需要根据自己的账号属性精准地掌握用户的需求，这是所有抖音运营者都必须具备的敏感技能。再好的商品，只有得到用户的喜爱，才有可能销售出去，实现收益。

用户为什么买你的产品？最主要的原因是你的产品或服务能够满足用户的需求，能够解决了用户面临的难题、痛点。比如，免洗洗手液对于喜欢户外活动或旅游的用户来说，就很好地满足了他们在户外洗手的需求。

另外，在用户的需求中，如果选择的产品能够满足他们的刚性需求，则可以获得更多的销量。所谓刚性需求，是指在商品供求关系中受价格影响较小的需求，是用户在生活中必须要用的东西。抖音运营者在产品的选择上如果能将用户的痛点建立在刚性需求上，便能获得更高的销售量。

2. 单价适中、高利润的产品

抖音短视频平台不同于真正的电商平台，其娱乐属性要大于电商属性。用户在抖音购物，很多时候都是一时兴起，购买的也大都是小件商品。因此，抖音运营者要尽可能围绕用户的诉求寻找一些单价适中、利润较高的产品，这样才能够保证获得更高的收益。

店铺的利润主要由销售额决定，而销售额是由单价和成交量决定的。因此，单价适中、利润较高的产品，一旦获得较高的成交量，利润就非常可观。如果单价过高，用户下单的概率会减小；单价过低，利润少，即使成交量较高，最终的利润也不高。

另外，在选择货源方面，尽量选择正品货源；进行品类定位时，一定要研究用户喜欢什么，尽量选择满足用户需求的产品，然后全身心地经营。

3. 复购率高的产品

做买卖讲究回头客，抖音运营者在选择产品时，可以选择一些复购率较高的产品，这样便可以吸引用户长期购买，提升老客户的黏性，减少引流成本。

事实证明，开发新客户要比留住老客户更加困难，成功的抖音运营者大部分的利润都是老客户带来的。因此，选择复购率高的产品可以提高老客户的下单量，轻松实现转化。另外，抖音运营者也要不断提升自身的产品竞争力、服务竞争力和营销竞争力，促进客户的二次购买，甚至促使客户成为忠实的粉丝。

要做到这一点，选对货源很关键。抖音运营者必须记住一句话："选好品，比盲目的推广更重要。"尽可能选择一些能让粉丝产生依赖的产品，他们才会不断进行复购。

找对靠谱选品渠道，才能售后无忧

选对好产品，渠道很重要。作为抖音运营者，如果缺少自有品牌和供应链，应该如何选择产品渠道呢？接下来，为大家介绍三种比较靠谱的产品渠道。

1. 与商家合作

通常，拥有一定粉丝量的账号，很多商家会主动找上门来寻求合作。这对运营者来说是好事，但应该如何与这些商家进行合作也要有所选择，因为并不是所有商家的产品都够硬，而且其产品也不一定符合运营者的账号定位。

运营者通过合作商选品要注意以下几个方面。

（1）**匹配画像**。账号粉丝画像需要和商家产品的目标画像进行匹配，如果高度匹配再选择的合作。

（2）**明确细节**。与商家合作的佣金比例、发票开具等细节，要在合作前确认好。

（3）**内容创作**。确定了合作目标，还需要与商家进行相关的产品沟通，共同创作产品内容，发挥双方的优势，创作更好的产品短视频。

（4）**进行推广、投放**。在投放、推广产品短视频时，要分素材小批量投放，如果数据变现效果较好则可以加大投放。

2. 分销平台

分销平台有着很多优点，比如运营的经济门槛低，没有库存压力；提供打包、发货、退货等服务；可以根据带货情况及时调整，运作灵活高效。因此，达人大都选择分销平台的产品。

通过分销平台选品，需要进入"商品橱窗"中的"精选联盟"入口，主要有以下三种方式。

（1）**团长广场**。在团长广场主页，可以查看不同领域排名的商家，点击商家主页，还可以查看其招商能力、核心数据、合作品牌、热销合作商品等信息。运营者可以根据这些数据来选择靠谱的商家进行合作。

（2）**选品广场**。主要包括优选商家榜、精选联盟爆款榜、热门推荐、新人开单神器等栏目。这些排行榜的商家和产品都比较优秀，运营者选择与这些排行榜的商家进行合作要有保障得多。

（3）**专属招商**。运营者如果满足达人条件，还可以报名参加专属招商。通过商品橱窗→竞选联盟→专属招商→我的招商，选择"开启日常招商"并设置相应的条件，然后等待商家报名，最后选择合适的商家进行合作。

3. 工厂

选择工厂拿货，可以省去中间商，不仅货源充足，拿货价格相对较低，而且可以灵活调配，库存压力较小。运营者在选择工厂拿货时，要注意以下几个问题。

（1）**选择运输便利的工厂**。选择位于产业园的工厂，其物流有着较大的优势，销售时发货比较便捷。

（2）**选择实力较强的工厂**。建厂时间长、经常与大牌合作的工厂，产品质量、效率更值得信任。运营者应尽量选择实力强的工厂拿货，产品才更有保障。

（3）**合作签约要细致**。合作时，运营者要和工厂负责人就订单量、时间要求、物流要求等以合同的形式明确下来，进行签约。

掌握带货短视频的拍摄技巧

抖音短视频不仅有着较强的社交传播能力,而且其带货能力也在不断增强。用户在刷抖音短视频时的状态通常是放松、无意识的。在这种情况下,用户非常容易被动地接受商品广告。

因此,抖音运营者借助短视频推广带货是一个非常不错的渠道。拍出一个具有广告带货能力的短视频,需要掌握以下一些拍摄技巧。

1. 展示产品的神奇功能

任何一款产品都有其功能性,当用户被产品的功能吸引时,下单的概率就会增加。因此,运营者拍摄产品短视频时一定要展示其功能,尤其是本身具有的趣味和创意,或是自带话题性的产品。

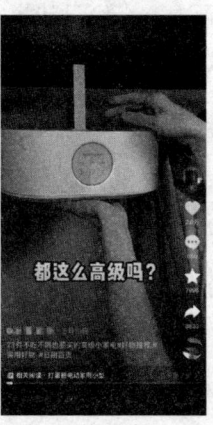

图 7-2

如图7-2，视频中的便携式烘干机，非常小巧，打开即可把衣服挂在里面，拉上拉链就可以360度循环烘干，用完直接收起来。既不占地方，又方便携带。当用户看到如此神奇的烘干机时，他们自然会感到好奇，产生购买的欲望。

这样的展示方式非常适合一些电商商家，尤其是一些用法比较独特的商品，通过视频展示出来，引发用户的好奇，让产品成为热销品的概率大大增加。

另外，如果产品的亮点不够突出，拍摄视频时可以针对产品的某个或某几个独有的特征，尝试用夸张的方式呈现，以引起用户的关注。比如，可以通过视频前后的对比来呈现产品使用前后的效果，在用户心中留下深刻的印象。

2. 巧用段子，拍出新意

抖音运营者在拍摄产品短视频时，除了展示产品本身外，还可以围绕产品本身的功能和特点，策划一些创意段子，打造形式新颖的产品短视频内容，让产品短视频更加有新意。

如图7-3，视频中讲述了一位女士正在逛街，一个路过的小偷趁机抢走了她的包，一位大叔提着一包垃圾走出门正巧看见了这一幕，于是举起垃圾袋就往小偷砸去，小偷见状也立即拿起街道旁的一袋垃圾扔了过去，两袋垃圾相撞，小偷的垃圾袋被撞得粉碎，垃圾满天飞。小偷捡起地下的榴莲壳继续往大叔扔去，不料大叔拿出一个垃圾袋，挡住了所有榴莲壳的攻击，接着将装满榴莲壳的垃圾袋扔向小偷，小偷抱住垃圾袋飞了起来，脸贴在垃圾袋上，一脸陶醉地说："一点儿也不臭！"短短的一个视频，通过创意、搞笑的方式，把垃圾袋的牢固、防臭功能展示了出来。

图 7-3

通过段子呈现产品比较适合那些已经被用户熟知的产品，这些产品不需要再过多地介绍其功能和优点，只要足够优惠，就可以吸引用户下单。

3. 场景植入，引起用户关注

所谓的场景植入，就是在一个场景中呈现出产品的信息，只是这个信息是出现在视频背景中的。比如，我们在看电影的时候，画面背景中会突然出现一些产品的镜头，虽然只是快速呈现，却可以让观众注意到。

场景植入有一点像传统广告的植入，就是在视频中的场景进行恰当的品牌露出，让用户记住你的产品。因此，运营者在拍摄产品短视频时，可以制作成搞笑或者娱乐类型的，然后在人物的旁边展示要宣传的产品或者产品Logo等，这样也可以起到不错的宣传效果。

4. 展示用户体验，用口碑赢得信任

产品好不好，不一定要商家说出来，运营者完全可以通过用户的体

验来呈现口碑，从侧面呈现销量的火爆。为了更好地呈现产品口碑，商家可以在抖音展示消费者排队抢购、消费者喜笑颜开、店铺中的各种优质服务，以及被消费者打爆的预约电话等场景。

如图7-4，曾经非常火的"茶颜悦色"，不仅有清晨4点开始排队8小时买一杯奶茶的短视频，也有很多主播分享"茶颜悦色"的必喝榜等。这些用户自发分享的短视频就是很好的宣传，商家不用推广，用户也会络绎不绝来店尝试。

图 7-4

需要注意的是，展示用户体验的短视频一定要真实。如果为了宣传产品而夸大其词，一旦用户体验产品后，发现产品和宣传效果相差巨大，就会产生负面影响，不仅会损失现有的用户，也会导致新用户增长出现瓶颈，甚至影响店铺的收益。

层出不穷的短视频带货形式

在抖音短视频带货日益火爆的形势下，抖音短视频带货的形式也变得越来越丰富。通过什么样的方式展示自己的产品才能吸引用户，是每一位运营者需要思考的问题。接下来，就为大家分享三种抖音短视频带货的形式。

1. 展现商品生产场景

传统电商发展得比较成熟，用户对其产品质量有一定的认可度。而抖音电商作为新兴的电商，用户在抖音上进行网购的时候，很担心商品质量和售后服务。因此，许多抖音用户在抖音上网购时会比较犹豫。

对于价格比较低的产品，抖音用户可能会抱着试一试的心态下单购买。但是，如果产品的价格比较高，那么，用户在购买时就会比较慎重。

如何消除用户的这些疑虑呢？展现生产场景是不错的方式。用户通过观看产品的生产视频，可以了解产品的各个生产环节，从而放心购买短视频中的产品。

2. 展示原产地采摘场景

抖音用户购买产品的关注点会因为产品的类别而产生差异。比如，有的产品用户会比较关注价格，有的产品用户会比较关注耐用度，也有的产品用户会比较关注新鲜度。

对于抖音运营者来说，不同的产品的展示形式也应不同。大多数产品短视频都是通过室内环境展示的，如果运营者能通过不同的环境展示某些产品，那么一定可以获得更好的效果，比如，那些用户很关注新鲜度的产品。

那么，如何让用户感知你销售的产品是非常新鲜的呢？其中一种比较有效的方法就是用短视频呈现产品的原产地，甚至直接呈现在原产地采摘产品的场景。这样抖音用户看到之后就会觉得你的产品值得信任。

3. 采用欲扬先抑的解说

商家在展示产品时，通常会对产品的各种优势进行大力宣传，把自己的产品说得完美无瑕。虽然这样能让大部分用户感受到产品的优势，但也有用户会对这种一味宣传优点、掩盖产品缺点的行为而感到反感。因此，如果商家只是单纯地展示产品的优势，很多抖音用户看到之后可能直接选择划过。

因此，运营者在制作产品短视频时可以采用欲扬先抑的方法，先适当地贬低产品，显示产品的不足，然后再进行转折，陈述产品的优势，让抖音用户在对比中看到产品的优点。采用这种有些反常规的方式，可以让抖音用户更容易相信营销的内容。

短视频带货的形式丰富多彩，哪一种形式更适合自己，运营者只有亲身实验才会知晓。除了当下比较常用的带货形式之外，运营者也可以发挥自己的想象和创意，展现自己独特的带货形式。敢于尝试，才会带来更好的营销效果。

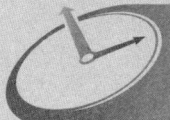

第八章
直播卖货,让粉丝"买买买"的秘诀

在抖音平台中,直播卖货已经成了火爆的变现方式。无论是商家还是主播,只要能做好直播带货,就能获得惊人的"吸金"能力。因此,了解直播带货的话术、掌握选品的技巧等,可以有效提高直播的转化率,给产品带来更高的收益。

布置赏心悦目的直播间

直播卖货是通过屏幕向用户传达相关信息，直播间可以向用户传达主播个体、直播间字幕、直播间布置三个方面的信息。其中，主播个体主要展示主播的形象，直播间字幕传达产品的相关信息，直播间布置则起到烘托人设等作用。

这三者缺一不可，直播间布置虽然看起来只是起到辅助作用，但在用户接收到的视觉信息中，直播间环境与氛围一样会影响观感。如果直播间环境与主播形象不搭，很难给用户留下好的印象。因此，直播间布置非常重要。

那么，如何打造一个让用户赏心悦目的直播间呢？运营者可以从以下两个方面入手。

1. 选择恰当的直播场地

通常情况下，大部分直播都是在室内进行的。商家在选择直播间时，空间不需要太大，一般8~20平方米即可。如果是团队进行直播，直播间的面积则需要大一些，一般控制在20~40平方米就可以了。

当然，直播产品的不同，对直播间的大小要求也不同。比如，美妆类、首饰类产品直播间的面积相对来说小一些；家具类、服装类产品直播间的面积则要大一些。

直播间的环境也要达到一定的标准，光线要明亮，视野要清晰，物品摆放也要整洁。直播时可以播放一些舒缓的背景音乐，布置柔和的灯光来烘托氛围，但声音不能太大，灯光也不宜太强烈，以免分散用户的注意力。

另外，如果直播间的空间比较大，可以点缀一些装饰物，如挂件、盆栽等。如果是节假日，还可以摆放能够营造节日气氛的物品，如春节期间悬挂小灯笼等。

2. 选好布景方式

直播间背景墙的设计要遵循简单、干净的原则。目前，主流的直播间布景方式有实景布景、绿幕抠图布景、LED屏布景，以及KT板布景四种。

（1）**实景布景**。实景直播间通常采用就地取材的方式，结合实体空间进行布置，通过搭配不同的空间装饰，可以营造独特的氛围感，真实感也比较强，由此一来观众容易产生代入感。在实景背景直播时，可以适当虚化背景，突出主播和产品，增强画面层次感。

（2）**绿幕抠图布景**。很多商家和达人都采用这种布景方式，主要使用纯色系的背景布，直播时用绿幕软件分离出人像，与设计好的背景进行合成。这种方式成本低，更换简单。不过，主播人像的边缘会因为抠图出现模糊，因此层次感不够丰富。

（3）**LED屏布景**。用LED屏作为背景，直播内容可以随时更换，还可以配合主播讲解进行动态商品展示，提升营销氛围。需要注意的是，直播时屏幕的亮度要适度。

（4）**KT板布景**。KT板不仅可以作为背景，还可以用作道具，在上面直接书写补充产品信息，操作简单，可以营造卖场"大促"的感觉。唯一不足的是视觉效果不够灵活，缺乏色彩感。

掌握直播间选品的策略与技巧

通常，直播前商家或主播都会先进行选品，可以说选品的好坏在一定程度上决定了带货的成败。如果产品的款式不够丰富、不符合用户需求、又缺乏特色，那么直播的效果就会大打折扣。因此，直播前，商家或主播一定要做好选品工作，为直播做足准备。

具体来说，可以从以下几个方面来选择合适的直播产品。

1. 选品要与账号属性有关

每个账号都有自己的属性，不同属性的账号吸引的用户群体也不一样。如果一个账号定位于垂直内容，那么系统会根据该账号的属性为其贴上相应的标签，从而将直播间推荐给更多的精准粉丝。因此，主播在选择产品时，一定要符合自己的账号属性，这样才能获得更多的精准流量。

通过后台数据，主播可以清楚地了解账号的用户群体特点。主播只有充分了解粉丝群体及其相关属性之后，才能选择合适的产品进行推荐，提升直播间的转化率。比如，某账号以户外运动为主题，用户大多数是热爱运动的年轻人，那么就可以给他们推荐一些户外用具，如帐篷、登山杖、冲锋衣等产品。

2. 选择试用过的好产品

能够获得粉丝的关注，说明粉丝与主播的兴趣爱好是高度契合的。如果主播能够推荐自己使用过的好产品，就会更容易让粉丝接受。

另外，主播亲身体验产品，能清楚地了解产品的性能，直播时向粉丝推荐产品也能更加利落地说出该产品的优缺点，让粉丝信服，促使他们产生购买的欲望。因此，主播在挑选直播产品时，最好能事先体验一下效果，比如提前对直播产品进行试用、试穿、试吃等。

3. 低客单价产品更有市场

用户对小件商品的需求往往要高于大件商品，因为小件商品的价格往往更低。比如，用户对抽纸、手机壳等低客单价产品的需求比电视、冰箱等高客单价产品的需求要高，这是因为产品的客单价越高，用户越需要深思熟虑。然而，直播间产品的展示时间比较短，粉丝很难在短暂的时间内就做出下单的决定。

低客单价的产品一般是日常用品，消耗比较快，用户只要看到直播间的产品好、性价比高，就会下单购买。即使当下不缺，也可以预备着慢慢用。

另外，低客单价的产品一般复购率较高。直播间的粉丝群体相对稳定，当粉丝买过一次产品，使用后觉得效果不错，就会进行回购，甚至在直播间进行好评，从而提升直播间转化率。

由此可见，商家或主播在直播前的选品上要多方面考虑，找到真正适合自己直播间的产品，有了好的产品，才能提高直播间的互动率和转化率。

上播常用的话术，你会了吗

直播是一门说话的艺术，说得好听才能让用户产生购买的的欲望。然而不少主播，尤其是新手主播在直播时都会面临的一个问题——上播时不能灵活地表达，常常不知道说什么。想要克服这个问题，就必须掌握一些基本的直播话术。

1. 暖场话术

直播时的开场很重要，充满激情或吸引力的开场白才能吸引用户停留。因此，主播必须掌握一些暖场话术。

（1）**进行自我介绍**。这是直播开场的万能话术，有趣的自我介绍可以缓解开场的尴尬，让新来的粉丝快速了解你。比如，"大家好，我就是那个不会后期也能拍出大片的摄影师，今天就来给大家分享一些不用后期的摄影技巧。"

（2）**与粉丝来点互动**。开场时要用充满热情的动作欢迎直播间的粉丝，之后可以与粉丝进行一些互动。比如，"点名欢迎×××进入直播间"，或者"点评×××大哥的留言实在是太幽默了"等。以此打破不知道说什么的尴尬。

（3）**介绍直播主题**。直播开场时，也可以直接介绍直播的主题。形式可以是直播主题+内容+时长。比如，"大家好，本次直播将为大家推荐一款新产品，分5点介绍其用法，时长20分钟，一起来期待一下吧。"

2. 留人话术

直播时间通常比较长，直播间如果没有足够的吸引力，很容易致使用户半途退出。那么，如何才能通过直播话术让用户在直播间停留的时间更长呢？

（1）**播报福利预告**。福利是直播间最吸引人的方式之一，直播时，主播可以播报相关福利预告。比如，"各位粉丝、佳人们，10分钟后将有福袋抽奖，千万不要错过哦！""每过15分钟，直播间将抽取一名粉丝，免费赠送一套试用产品！"

（2）**产品预告**。直播时，可以先介绍商品卖点，但不上架，商品价格也可以以问号的形式展示，以吸引感兴趣的用户停留。比如，"最新推出的面霜即将上架，价格在5分钟后揭晓，千万不要走开。"

3. 成交话术

直播最重要的就是成交，成交量决定了直播最终的效果。因此，主播掌握一些成交的话术，可以有效推动用户购买产品。

（1）**细说成本，让用户觉得值**。在直播过程中，只会说商品便宜这样的话语说服力是不够的，主播一一把成本进行拆解，会让用户更直观地感到便宜。比如，"这款护肤产品，平均每天不到1块钱，就能改善皱纹、美白肤色，你说值不值。"

（2）**进行价格互动竞猜**。直播时可以和用户进行价格互动竞猜，当主播报出的价格低于用户的预期时，用户成交就会更加爽快。

（3）**引发价格对比**。进行价格对比能直观地说明产品的优惠力度，从而促使用户下单。比如，"这双品牌靴子，线下门店1999元起，现在直播间搞活动,不要1799,也不要1599,只要1299就可拿走,如此优惠的价格只限今天。"

（4）**边介绍边展示产品性能**。通过特殊的场景,现场实验产品性能。比如,"姐妹们,这款底霜太强大了,瞧我脸上的粗毛孔,只需要轻轻一抹,立马变得平滑细嫩,没想到效果这么好。"

（5）**引导用户下单**。直播时,主播介绍完产品后,可以适当地引导用户如何下单。比如,"点击下方的购物车,滑动寻找5号产品,即可下单。"此外,对于下单的用户,也可以点名鼓励,这样其他用户也容易被吸引陆续跟着下单。

4. 感谢话术

在直播即将结束的时候,向用户表达一些感谢的话语,可以为直播打造一个完美的闭环,给用户留下好感。

（1）**感谢用户的支持**。能一直停留在直播间的用户是非常难得的,直播的尾声,主播可以向用户表达感谢。比如,"直播马上结束了,在这里非常感谢广大粉丝的支持。"

（2）**送上福利与祝福**。在表达感谢之后,也可以向粉丝表达自己的祝福或送上一些福利。比如,"今天的直播就要结束了,最后向家人们送上一点点福利——优惠券。祝愿家人们每天都开开心心！"

（3）**传达预告**。直播结束时,主播可以向用户传达下期预告,提前做好下一场直播的推广。比如,"下播时间马上到,今晚姐妹们太给力了,明晚七点的专场,我们不见不散。"

按产品定位推介，直击用户痛点

直播间产品众多，每款产品都有自己的特色。直播带货时，产品应该有主次之分，比如用于吸引更多粉丝的低价引流款、带来高额利润的利润款，以及薄利多销的爆款等。那么，不同的产品应该如何推介呢？

1. 基础款产品推介

基础款产品通常购买频次不高，用户决策周期长。因此，主播在推介产品时可以适当延长讲解的时间，5~10分钟为宜。具体公式如下。

展示产品→介绍产品→进行互动→促成交易

（1）展示产品示例：直播间有没有喜欢做饭的朋友，你们常用的炒锅是怎样的？像这样油水四溅，还是像这样粘锅？接下来，看看我们这款炒锅。

（2）介绍产品示例：这款鹅卵石炒锅，不粘锅、不煳底，轻油少烟，非常耐磨，容易清洗，而且颜值非常高，价格也很优惠，平时499价格，现在直播间只要299，还赠送竹制锅铲、筷子一套。

（3）进行互动示例：我看到很多宝宝说这款鹅卵石炒锅会不会容易裂，这个问题一点也不用担心，咱家这炒锅有四层，非常耐用。

（4）促成交易示例：一个锅用的时间抵得过平常炒锅的两三倍，今天直播间只放量99个,宝宝们准备好,三二一,上链接。

2. 主推款产品的推介

主推款产品是直播间的重点,主播在推介的时候,不要只当产品的说明书,而是要创造需求,从用户的痛点入手。具体的话术公式如下:

引出痛点→放大痛点→展示产品→给出优惠

(1)引出痛点示例:每次准备刷牙,牙刷、水杯随意放在洗漱台上,看见就心烦。

(2)放大痛点示例:牙刷、水杯放在洗漱台上不仅显得乱,而且水杯底部总是容易脏,清洗实在太麻烦了,你有这样的烦恼吗?

(3)展示产品示例:想要解决这个问题,不妨试试这款牙刷置物架吧。轻轻一粘就牢牢固定在墙上,水杯可以倒扣着放,牙刷直接挂在水杯里,不落灰,整洁又卫生。

(4)给出优惠示例:这么好用的置物架,不要99,也不要69,只要29就能让洗漱台整洁有序,快来试用吧!

3. 引流款产品的推介

引流款产品是用户比较认可、购买频次较高、客单价比较低的产品。通过间隔性地进行推介,以此提升直播间的热度。主播在推介引流款产品时可以遵循以下公式:

展示产品→定位人群→阐述卖点→进行互动→促成交易

(1)展示产品示例:9.9元一瓶的免洗手液,小巧精致,户外清洁好物,就在直播间。

(2)定位人群示例:无论是喜欢旅游的人士,还是经常出差在外的人士，或是上班族，这款产品都很适合你哦！

（3）**阐述卖点示例**：户外洗手方便很重要，本产品小巧便携，只有巴掌大，99.999%杀菌率，洗后速干，绝对的品牌保证。

（4）**进行互动示例**：这么好用的免洗手液，想要的宝宝们发个"要"字。

（5）**促成交易示例**：现在统计数据，扣了"要"的宝宝们赶紧下单，手慢就错过了。

4. 爆款产品的推介

爆款产品自带流量，是直播间人人都想要的。主播在推介爆款产品时可以通过场景迅速带出爆品，让用户自然种草。具体的公式如下：

场景描述→展示产品→核心卖点→优惠促单

（1）**场景描述示例**：每次出门乘车、出差时总是带上几瓶矿泉水，又重又占地方，既增加负担，还极其不方便。

（2）**展示产品示例**：来，了解一下这款轻量化的钛杯，我相信它一定适合你。

（3）**核心卖点示例**：这款水杯采用纯钛材质，轻量手感，具有抑菌保鲜作用，携带起来非常轻便，出门乘车、出差，只需带上它，再也不用为喝水发愁。

（4）**优惠促销示例**。别人家直播间价格399、499都有，我们这是厂家直销，让利用户，只要199，限量100个，抓紧时间抢哦！

了解打赏的分成机制，提升变现效果

所谓直播打赏，是指粉丝在观看主播直播的过程中，在直播平台上充值购买各种虚拟的礼物，自愿打赏给主播。想要获得打赏，主播必须具备一定的语言和表演才能，还要有一定的人格魅力，这样才能吸引粉丝花钱购买虚拟礼物进行打赏。

那么，在直播过程中，如何才能提升打赏变现的效果呢？

1. 了解抖音直播打赏的分成机制

目前，抖音打赏的礼物价格设置比较合理，从1抖币到几千抖币不等。抖币是抖音专属的虚拟货币，1元钱可以换10个抖币。无论是哪个群体，都可以选择合适的抖币进行打赏。不过，抖音平台发布了未成年人保护条例，青少年是不能充值和打赏的。

打赏功能只要运用得好，不仅可以为平台创造收益，主播也可以获得一定的分成。

打赏分成的机制比较简单，通常是平台与主播五五分成。不过，如果主播选择加入抖音公会并与之签订合同，分成比例则会根据双方的协商决定。

2. 主播引导打赏不要过于刻意

主播都希望获得粉丝的打赏，因此在直播时会时不时地开口索要礼物，这种行为无可厚非，但一定要采取正确的方法，把握好尺度。

比如，要善于揣摩粉丝的心里，尽量用委婉的方法向粉丝索要礼物，而且不能高频率地向粉丝索要礼物。因为用户是基于喜爱为主播刷礼物，这是自发的行为，如果一味地要礼物，会让粉丝产生反感。

3. 展示才艺，做优质主播

想要获得打赏，主播不能急于求成，一定要将眼光放得长远一些。尽力输出优质内容，展示自己的才艺，这样才能吸引更多粉丝，增加直播间的吸引力。

比如，提升自己直播的专业度，适当展示一些与直播有关的才艺，这些方式都能增加粉丝对你的喜爱。此外，直播时学会和粉丝聊天，也是不错的方式。聊天话术要尽可能真实、有趣味，这样粉丝才不会感到乏味，并在你的情绪感染下进行打赏。

4. 真诚地表示感谢，并给予激励

当有粉丝进行打赏时，如果得不到主播的反馈，那么很大概率粉丝之后不会继续再送了。因此，对于打赏，主播要及时做出回应，比如说出粉丝的名称并简单表示感谢，或者设置一些奖励，粉丝的礼物达到一定标准就可以加入专属粉丝群，群内会不定时分享信息和发放红包。这些都能一定程度上激励粉丝进行打赏。

5. 维护直播间打赏的良好氛围

主播在直播的过程中，要做好打赏管理，保持直播间良好的氛围。粉

丝刷礼物是主播非常乐意见到的,但打赏要有度。如果形成了攀比的不良风气,主播就要及时地进行处理,缓解紧张的气氛。

另外,虽然抖音出台了未成年人保护条例,但仍然有不少青少年会钻空子送主播礼物。这时,主播必须要坚守责任和底线,及时地阻止这种行为,维护平台的秩序。

总之,在直播的过程中,主播要尽量做到以上几点,不要因为获得了打赏就高高在上,这种态度很容易让你与粉丝之间的距离越来越远。

第九章
商品橱窗，抖音卖货的实用功能

商品橱窗是抖音平台为商家提供的集中展示商品的地方，相当于个人主页商品分享功能。无论是短视频带货，还是直播卖货，都需要通过商品橱窗添加商品。电商运营者做好橱窗管理，不仅可以有序地呈现产品，而且可以实现流量的高效转化，提升变现能力。

抖音商品橱窗的开通流程

商家想要在抖音平台售卖商品,就必须开通商品橱窗功能。商品橱窗功能开通后,账号主页中会出现"商品橱窗"入口,如图9-1所示,点击进入即可看到该账号推荐的商品,如图9-2所示。每个抖音号的商品橱窗都可以看作是一个店铺,用户可以通过商品橱窗查看商家销售的商品,对感兴趣、有需求的产品可以直接下单购买。

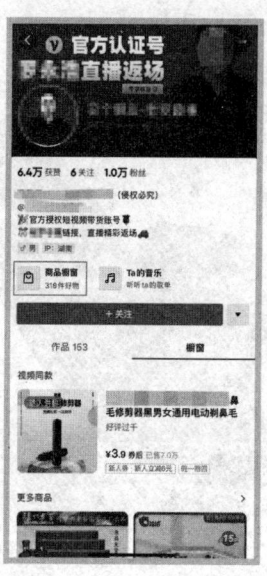

图 9-1

图 9-2

对于电商运营者来说,开通商品橱窗非常重要。一方面,只有开通了商品橱窗功能才可以进行直播带货；另一方面，开通商品橱窗可以增加账号的变现收益。因此，开通"商品橱窗"功能是电商运营者必须做好的一件事情。

通常，在开通"商品橱窗"功能之前需要先开通"商品分享权限"，之后才能在短视频作品、直播间和账号主页中分享商品。接下来，就跟大家分享如何开通"商品分享权限"。

具体步骤如下。

步骤一：打开抖音App，点击"我"页面右上方的" "按钮，点击下方"更多功能"，进入后点击"创作者中心"。

步骤二：进入"创作者中心"页面后，点击"变现能力"一栏的"商品橱窗"按钮。

步骤三：进入"商品橱窗"页面后，选择页面中的"成为带货达人"选项，该选项开通后可以实现在橱窗、视频、直播中推广商品。

步骤四：进入"成为带货达人"页面，点击"带货权限申请"，根据页面的要求完成相关认证，点击下方的"立即申请"即可。

"商品分享权限"的申请需要符合一定的条件。目前，开通商品橱窗的要求是：账号公开发布短视频≥10条，抖音账号粉丝量≥1000个，而且必须完成实名认证，如图9-3所示。

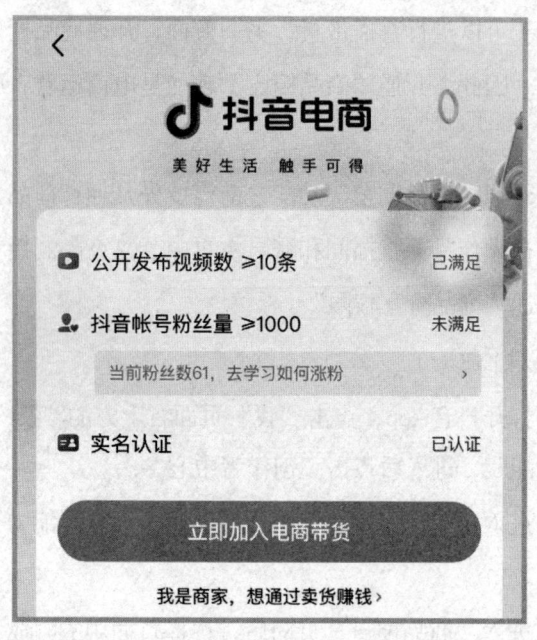

图 9-3

不同时期，抖音平台对带货权限申请的要求也会有所差异。比如，在抖音上线初期开通带货权限，对粉丝的数量等是没有要求的。因此，要尽早入场抖音电商，越晚门槛会越高。

做好橱窗管理，激发用户购买欲

对于抖音电商运营者来说，做好商品橱窗管理是一项必备的技能。通过对橱窗商品的管理，可以将具有优势的商品放置在显眼的位置，激发用户购买的欲望，从而打造店铺的爆款产品。橱窗商品的管理内容主要包括5个方面，即添加商品、置顶商品、更新信息、删除商品，以及预览橱窗。

1. 添加商品

开通"商品橱窗"功能后，抖音电商运营者必须在10天内完成商品添加，并且15天内要发布与商品相关的视频数量达到2个，否则商品橱窗的相关权限就会被收回。因此，及时添加商品是电商运营者在开通"橱窗商品"功能后的第一件重要任务。

具体操作步骤如下。

步骤一：打开抖音App，在账号主页点击"商品橱窗"，进入页面后，点击"选品广场"按钮。

步骤二：进入"选品广场"页面，在该页面中可以通过"搜索商品"和"商品链接添加"两种方式添加商品。

步骤三：以"搜索商品"添加为例，在搜索栏中输入商品名称，待跳转至搜索结果页面，点击对应商品旁边的"加选品车"按钮，即可将商品添加至商品橱窗。

步骤四：点击下方"选品车"按钮，进入页面后点击对应商品旁边的"去带货"，下方出现"上架橱窗""短视频/图文带货""直播带货"三个选项，选择"上架橱窗"即可完成，如图9-4。

9-4

2. 置顶商品

当添加的橱窗商品过多时，要想把重点商品展现给用户，这时就需要将商品置顶，以便让更多用户能够看见。因此，抖音电商运营者需要熟练掌握将橱窗商品置顶的技能，具体可以通过以下几个步骤来完成。

步骤一：进入抖音App的"商品橱窗"页面，点击页面中的"橱窗管理"按钮。

步骤二：执行操作后，进入"橱窗管理"页面，点击页面中的"管理"按钮，选中对应商品前方的复选框，点击下方的"置顶"按钮。

步骤三：执行操作后，如果页面中显示"已置顶"，说明商品置顶操作完成。

3. 更新信息

当橱窗商品的信息发生变化，或者商品的信息需要重新编辑时，抖音电商运营者则需要对橱窗商品的信息进行更新，具体可以通过以下步骤来完成。

步骤一：进入"橱窗管理"页面，点击对应商品后方的"编辑"按钮。

步骤二：进入"编辑商品"页面后，就可以在该页面中设置短视频推广标题和直播间推广卖点，然后点击"确认"按钮。

步骤三：如果页面显示"商品信息更新成功"，就说明商品信息更改成功。

4. 删除商品

有时抖音商品橱窗里的商品卖完了，或者有些商品不想卖了想要下架，这时电商运营者就可以对商品橱窗里的商品进行删除，具体的操作步骤如下。

步骤一：进入"商品橱窗"页面，点击页面中的"橱窗管理"按钮。

步骤二：进入"橱窗管理"页面，点击页面右上角的"管理"按钮，勾选需要删除商品前面的复选框，然后点击页面右下角的"删除"按钮。

步骤三：接着，在弹出的"移除商品"对话框中，点击"确定"按钮，即可删除该商品。

5. 预览橱窗

在商品橱窗添加完商品之后，电商运营者如果想查看商品，可以通过下面的步骤预览橱窗，查看橱窗中的商品以及商品的销量等相关信息。

步骤一：进入"橱窗管理"页面，点击页面中的"预览"按钮。

步骤二：进入对应抖音号的推荐橱窗，此时就可以看到已添加到橱窗中的商品，以及各商品的来源和销量等信息。点击页面中的下拉图标，可以对橱窗的预览排序进行调整。

步骤三：在弹出的下拉列表框里，可以选择综合排序的方式，比如销量优先、新品优先、价格从低到高、价格从高到低等选项，选择相应的选项后，系统会自动对商品进行排序。

选对橱窗商品，高效转化流量

在商品橱窗中应该选择什么样的商品进行展示，才能获得更高的转化率呢？或者说，电商运营者应该在商品橱窗上架哪些商品可以获得更好的收益呢？这是抖音商家运营者需要考虑的问题。接下来，为大家讲解抖音商品橱窗选品的常见方法。

1. 按照自身优势选择商品

每个抖音运营者都具有自身的优势，根据优势来选择商品，可以让用户更愿意购买你的商品，店铺收益也更有保障。通常情况下，抖音运营者的自身优势包括以下几个方面。

（1）**形象优势**。如果运营者长相比较出众，就容易吸引用户的目光。运营者可以利用自己的形象进行适合商品的带货。比如，高颜值就可以带货美妆类商品。

（2）**职业优势**。很多抖音运营者除了运营抖音账号外，还有自己的职业。职业知识本身就是一种优势，通过展示自己的职业技能也能获得用户的认同。比如，PPT大师就可以在抖音商品橱窗选择上架PPT类的书籍或教程。

（3）**货品优势**。一是货品的独特性，即这样的货品只有少量运营者能够生产、销售，比如竹编手工艺人的各种竹编用具；二是选品能力的优势，即运营者的眼光比较敏锐，能够快速看准哪些商品有成为爆款的可能。

（4）**内容与粉丝优势**。当一个账号运营的内容很受欢迎时，账号便会获得众多的粉丝。比如一个说酒类的账号，其粉丝大多是爱酒人士，就很适合选择相关的酒类商品。

2. 参考榜单选择商品

在抖音的电商精选联盟中，有"商家榜单"和"热销榜单"，电商运营者可以参考这些榜单选择合适自己的商品。

（1）**商家榜单**。商家榜单是根据市场交易热度、合作专业度和商家体验分来进行排序的。上榜的商家通常比较受用户欢迎，其店铺的商品销量往往也很不错。电商运营者可以进入抖音App"抖音电商精选联盟"页面，在这里点击"商家榜单"查看各个上榜商家的橱窗商品，综合考虑之后选择合适自己的商品。

（2）**热销榜单**。热销榜单是根据销售量、销售额和热推达人数对商品进行排序。电商运营者也可以参考"热销榜单"来选择适合自己的橱窗商品。在热销榜单中，还有更具体的商品类目，比如家居百货、食品饮料、服饰鞋包等。点击各个类目，就可以看到该类目下相关热销商品的排序。

3. 依据店铺评分选择商品

用户在购买商品时，往往都很看中评分，如果店铺评分过低，商品的销量会受到很大影响。因此，电商运营者在选择橱窗商品时，可以选择一些评分较高的店铺进行参考。查看店铺商品的评分方法如下。

1）进入"抖音电商精选联盟"页面，在搜索框中输入商品的关键词，然后点击搜索即可。

2）页面跳转至"商品推广信息"界面，此时在店铺名下方便可以查看商品体验分、物流体验和商家服务分。

通过这三个指标，运营者就可以了解该店铺商品的售卖情况，进而选择评分较高的商品在自己的商品橱窗进行销售。

4. 按照佣金率选择商品

如果运营者比较注重带货的佣金率，想要每单获得更高的收益，那么也可以按照"佣金率"的排序来选择橱窗商品。

1）进入"抖音电商精选联盟"页面，在搜索框输入商品的关键词进行搜索。

2）在跳出的商品页面中，点击"佣金率"选项，商品列表就会按照佣金率从高到低的顺序进行排序。

运营者只需要查看商品列表，就可清楚地知道每款商品的佣金率是多少。根据这些数据选择适合自己的商品，可以让带货收益得到保障。

借助平台学习功能，提升橱窗带货能力

开通抖音商品橱窗功能后，运营者可以通过平台提供的学习功能快速了解平台的相关规则，掌握带货的技巧，从而提升自身的带货能力。那么，抖音平台都提供了哪些学习的功能呢？接下来，就为大家分享橱窗带货相关的几个学习功能。

1. 分享排行榜功能

在"商品橱窗"页面中，有一个"排行榜"版块，通过查看这个版块，便可以知道达人橱窗分享的商品，根据这些数据可以判断哪些商品比较受用户欢迎，为运营者选择橱窗商品提供参考。具体可以从以下几个步骤查看"达人榜"的商品橱窗。

步骤一：进入抖音App"商品橱窗"页面，点击"排行榜"右边的"查看更多"。

步骤二：页面跳转至"达人榜"页面，可以看到"商品分享热榜""直播分享热榜"，点击排行榜的达人"去TA的橱窗"。

步骤三：进入达人橱窗后，即可查看橱窗中的商品及相关信息。根据达人商品橱窗中商品的已售数量，可以判断出受用户欢迎的商品，为橱窗选品提供参考。

2. 电商学习功能

在"商品橱窗"页面中还有一个"成长进阶"板块,这里有着海量精选课程,运营者可以在这里学习抖音电商带货的相关知识,提升带货技能。

步骤一:点击"成长进阶"版块中的"抖音电商学习中心"。

步骤二:进入"抖音电商学习中心"后,运营者可以根据自身需要选择相应的课程内容,包括新手入门、流量获取、直播转化等。

步骤三:进入学习版块后,点击对应的课程名称,即可查看、学习课程内容。

步骤四:学习完课程后,运营者还可以通过考试来检验学习的效果。点击"立即考试"按钮,即可进入对应的考试答题页面。

3. 规则学习功能

在"成长进阶"版块中,运营者可以通过"规则中心"学习平台的相关规则,让橱窗带货更加符合平台的要求。

步骤一:点击"成长进阶"版块中的"规则中心"右边的"平台规则学习"。

步骤二:页面跳转至"抖音电商学习中心"页面,点击"规则解读"右边的"查看更多"。进入页面后,即可查看抖音平台发布的规则。

学习后,运营者也可以通过"规则考试中心",进入规则考试的答题页面,对规则学习的效果进行检查。如果考试分数较低,则需要再次学习相关规则。

不同品类的橱窗带货方法

有不少运营者精挑细选了适合自己的橱窗商品,但却发现销售效果不理想。这又是为什么呢?其实,运营者在利用商品橱窗进行带货时,想要获得好的效果是需要掌握一定技巧的。接下来,就为大家介绍食品类、服装类、美妆类、课程类商品的带货方法。

1. 食品类商品

美食的诱惑是很难抗拒的,不管男女老少,都容易被美食吸引。抖音短视频中包含大量的各类美食视频,不管是分享厨艺,还是美食推荐,只要足够诱人,用户就会忍不住下单购买。那么,运营者如何才能让自己的带货短视频对用户产生吸引力呢?

(1)让用户看了就想品尝。美食视频讲究色、香、味齐全,很多美食广告拍摄的美食看起来非常诱人,用户一看就忍不住想马上品尝。运营者进行美食类商品带货时,也可以参考美食广告的制作思维,增强美食的视觉刺激感,让用户忍不住下单。

(2)让用户看了放心购买。卫生和健康是食品非常重要的指标。用户除了关注价格,也关注食品安全。如果用户觉得短视频中推荐的美食不够卫生、不够健康,那么即使你把产品说得再好,用户也不会买单。因此,运营者可以将食品的生产和包装等环节展现出来,尤其是生产标准,这样用户才会安心购买商品。

2. 服装类商品

服装类商品是抖音短视频中非常常见的，在众多的服装类商品中，运营者如何通过短视频展现自己产品的特点，是做好服装类短视频带货很重要的一点。下面就为大家讲解一些常见的技巧。

（1）**展示细节和用料工艺**。很多服装的款式都很类似，但用料、细节可能会不一样。因此，为了展示服装的差异性，运营者可以通过短视频展示服装的细节设计和用料工艺等，让用户感觉你的产品确实不一样，以提高用户下单的意愿。

（2）**让模特试穿**。再好的服装也要上身才能看出效果，因此，运营者可以找模特试穿服装，并拍摄成推广短视频。通过试穿，可以更好地体现服饰的美，通过精心的搭配，甚至还可以带动店铺其他产品的销量。比如展示衣服时搭配自家的裤子、鞋子。

（3）**对比突出效果**。两款服装分开展示，可能各有各的优势。但如果放在一起，对比的效果就会非常明显。因此，运营者可以将服装的某个功能作为卖点，然后寻找类似的普通服装做对比，拍摄成短视频，这样用户就可以分辨出差异。

3. 美妆类商品

爱美是人的天性，越来越多的人习惯在出门前用心打扮，因此美妆类产品的需求也越来越大。不过，市场上的美妆类产品琳琅满目，运营者要如何为橱窗中的美妆类商品带货，才能获得更多订单呢？下面，为大家介绍两种方法。

（1）**讲解商品的主要成分**。美妆类商品和美食类商品一样，用户都很在意用了是否安全。如果一款美妆类商品的主要成分对皮肤非常好，就会吸引用户试用。对此，运营者可以在带货时重点为用户讲解商品的主要成分。这样用户才会放心下单。

（2）**展示商品的使用效果**。除了商品的主要成分之外，用户对商品的使用效果也是比较关注的。运营者可以在带货时真人出镜，亲自使用产品，将商品的整个使用过程展示出来，让用户更直观地看到产品的使用效果。

4. 课程类商品

抖音橱窗不仅可以售卖实物产品，也可以售卖各种课程。很多运营者在某个领域有着专业的认知，他们可以将自己掌握的认知或知识制作成线上课程，并通过短视频进行课程的带货。这类短视频课程想要获得良好的带货效果，运营者要注意两个方面。

（1）**提供免费教程试看**。用户购买线上视频教程，一定是觉得教程做得不错或是能满足自己的需求，而这些都需要用户观看教程后才能做出判断。因此，运营者可以在课程类带货短视频中免费展示部分教学内容，让用户看到你的"技术"。这样，用户才能下决定购买。

（2）**先以优惠价吸引用户**。运营者在刚开始售卖线上教程时，可以采取先以优惠价地方式吸引用户。一方面用户会觉得反正也不用花多少钱，会比较爽快地购买课程；另一方面，这种方式可以通过低价课程积累学员，后期再推出价格高一些的进阶课程。

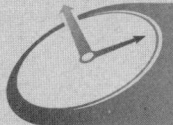

第十章
抖音小店，高效的抖音电商变现工具

随着抖音电商化的加速，在抖音开店成为更多人的选择。抖音小店是抖音官方大力支持的一种电商运营便捷化工具。开设抖音小店，不仅可以便捷地将小店中的商品上传到抖音平台，还可以提升商品的曝光率，提高销量，从而获得收益。

快速开通抖音小店的流程与操作

想要运营一个属于自己的抖音小店，首先需要完成入驻的相关工作。对于大多数商家来说，刚开始入驻抖音开店，或多或少会有些流程不熟悉，操作起来不熟练。下面，就为大家讲解如何快速开通抖音小店。

1. 抖店的电脑端入驻流程

商家在电脑端入驻抖音小店，需要完成以下八个步骤。

第一步：查看入驻资料与费用

进入抖店官网，在"首页"页面点击"入驻材料与费用"按钮。如图10-1，即可进行入驻方向、开店主体、店铺类型、品牌类型、经营项目的选择，然后点击"查询"按钮。

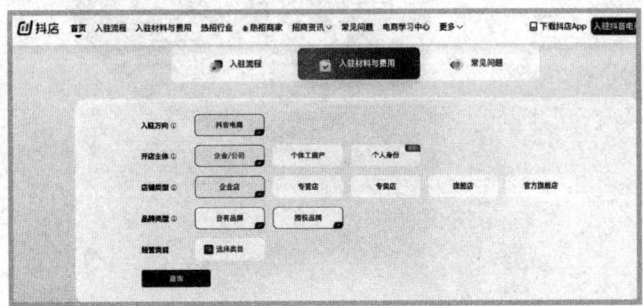

图 10-1

第十章 抖音小店，高效的抖音电商变现工具

在弹出的"入驻所需材料、费用"页面中，如图10-2，即可以看到具体账号类型所需的入驻材料，还可以下载所需材料清单。

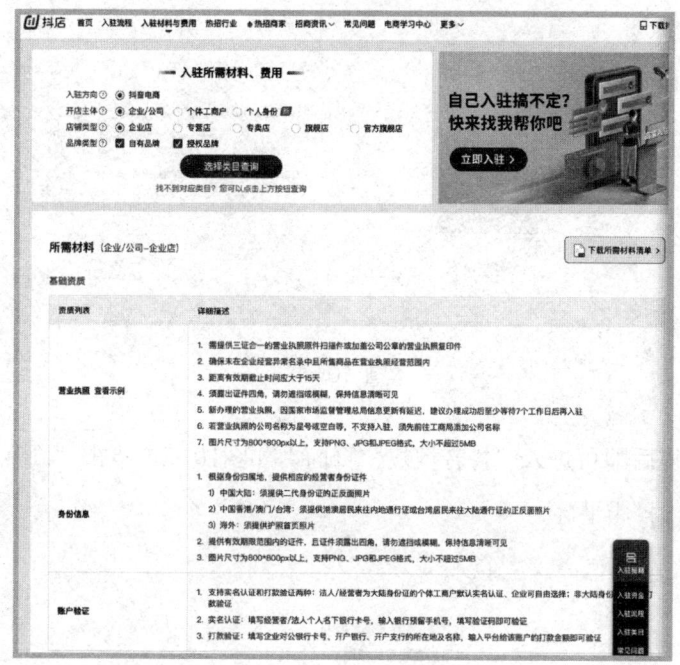

图 10-2

第二步：登录账号

了解了入驻所需材料之后，接下来就可以在抖店平台中登录账号，开启入驻。如图10-3，选择"其他入驻方式"中的"抖音入驻"。

图 10-3

点击"抖音入驻"按钮后会出现一个二维码。如图10-4,此时,商家需要进入抖音App,在搜索页面中用"扫一扫"功能扫描该二维码。

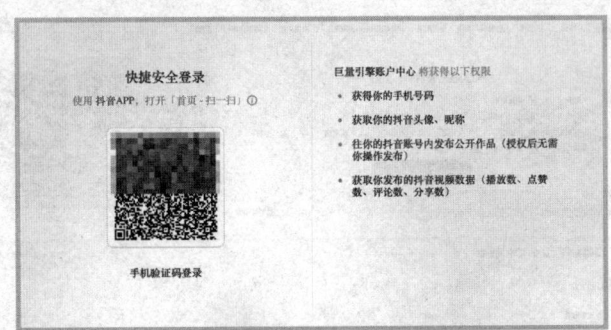

图 10-4

扫描后即可进入"抖音授权"页面,如图10-5。点击"同意授权"即可登入抖店平台。

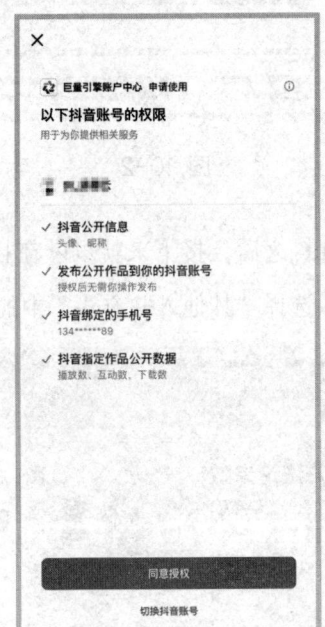

图 10-5

第三步：请选择主体类型

登入抖店之后，会跳转至"请选择主体类型"页面，如图10-6，商家需要在该页面中根据自己的需求选择适合自己的主体类型，包括以个人身份、个体工商户、企业/公司，以及跨境等。

图 10-6

第四步：填写主体资质

点击相应的主体类型下方的"立即入驻"按钮，进入"主体信息"页面，商家需要上传营业执照照片和身份证照片，如图10-7。选择不同的主体类型，所需要填写的信息也不同。

图 10-7

第五步：填写店铺信息

店铺信息包括基本信息、经营类目、店铺管理人信息三个大类。其中，基本信息包括店铺的ID、店铺的类型（普通店、专营店、专卖店、旗舰店）、店铺的名称、店铺的Logo等，填好这些信息就可以提交审核。

第六步：进行平台审核

填完店铺信息后，即进入"平台审核"页面，页面会显示"最新资质提交资质审核中"。如果填写的信息有误，页面会显示"审核未通过"。此时，商家可以通过点击"编辑"按钮，对有关信息进行调整，再次提交审核。

第七步：进行账户验证

审核通过之后，会进入"账户验证"页面，商家只要根据页面提示填写完整相关信息即可。账户验证成功之后，进入抖店后台的"首页"页面。

第八步：缴纳保证金

进入抖店后台页面后，会出现缴纳保证金的提示。点击"缴纳保证金"按钮，进入"保证金"页面。此时平台会显示要缴纳的保证金金额，点击"充值"，输入相应的金额进行充值即可。到此，抖店的入驻流程全部完成。

2. 抖店的移动端入驻流程

抖音小店的开通可以在电脑端进行，也可以在移动端进行。在移动端的开通流程具体有以下几个步骤。

步骤一：进入抖音App"我"页面，点击"商品橱窗"，进入页面后，点击"开通小店"按钮。

步骤二：进入"首页"页面，勾上我已经阅读并同意上述授权及《账号绑定服务协议》,然后点击"立即入驻"。

步骤三:进入"选择认证类型",选择适合的类型,点击"立即认证"即可。

步骤四:进入"主体信息",依次填写主体信息、店铺信息、平台审核、账户验证等内容,流程与电脑端类似,完成这些内容的填写后,即可完成抖音小店的入驻。

掌握商品上架和运费设置

商品管理是抖音小店经营的重要一步，它包括了创建商品，将商品上架至橱窗等。那么，如何才能高效地进行商品的创建和管理呢？具体可以从以下两个方面入手。

1. 创建商品

抖音小店的商品可以一个一个创建，并对商品信息进行详细的设置。具体操作方法如下。

第一步：进入抖店后台，在"首页"页面，点击左侧导航栏的"商品创建"按钮。

第二步：页面跳转至"选择商品类目"，商家需要根据自己的商品选择类目。想要快速查找自己商品的类目，可以直接点击类目搜索，输入商品名称，即可查询到所属类目。选好商品类目后，点击"下一步"。

第三步：执行操作后，跳转至"基础信息"页面，商家需要在该页面完成相关商品信息的填写，包括商品标题、推荐语、类目属性等。然后点击"发布商品"即可。

第四步：商品发布后，商家根据系统提示设置图文、价格、库存、服务与履约相关信息，即可完成商品的创建。

2. 设置运费模版

用户购买商品通常会比较在意运费，如果运费高昂，则很容易放弃购买。商家可以通过"运费模版"对创建的商品设置合理的运费，让用户更有可能购买你的商品。

接下来，就为大家介绍运费模版的设置方法。

第一步：进入抖店后台，点击左侧导航栏中的"运费模版"，在右边的页面中点击"新建模板"。

第二步：进入运费模板信息编写页面，包括模板名称、发货地区、运费设置、计价方式、运费计算等选项。商家只要填写完整相关的信息，点击"保存"即可完成运费模板的设置。

掌握抖音小店常用的优惠推广方法

在抖音小店运营的过程中,推广是必不可少的。商家通过掌握一些优惠推广的技巧,能更好地吸引用户,提高店铺的流量。接下来,就为大家分享常用的一些优惠推广方法。

1. 优惠券

优惠券是比较常用的营销推广方式,其吸引力也较强。用户通常希望在购买商品时获得一定的优惠,商家使用优惠券的形式进行促销,就可以激发用户的购买力。

在抖音小店中,商家可以设置的优惠券种类包括商品优惠券、店铺粉丝券、达人粉丝券、店铺新人券、全店通用券。设置优惠券的步骤如下。

步骤一:进入抖店后台,点击页面中的"营销中心"。

步骤二:在跳转的页面中,点击左侧导航栏的"优惠券",然后在右边页面中选择要设置的优惠券类型,点击"立即新建"。

步骤三:进入"新建优惠券"页面,根据要求填写完整信息,点击"提交"即可完成优惠券的设置。

2. 限时限量购

限时限量购是指在规定的时间内为用户提供低价、限量的优惠商品。

由于时间有限、数量有限，用户会为了优惠选择下单，这样就达到了促销的目的。

设置限时限量购活动的步骤如下。

步骤一：进入抖店营销后台，点击导航栏"营销工具"版块中的"限时限量购"按钮，进入页面后选择右上角的"立即创建"。

步骤二：页面跳转至"设置基础规则"版块，填写相关信息，如活动类型、活动名称、活动时间、订单取消时间、是否预热等。之后点击"提交"即可。

步骤三：向上滑动页面至"选择商品"版块，点击"添加商品"按钮，在弹出的页面中选中对应商品前方的复选框，点击下方的"选择"按钮。

步骤四：在"选择商品"页面中会出现已经添加的商品的相关信息，点击下方的"提交"按钮，即可完成限时限量购的设置。

3. 满减活动

满减活动是设置购满多少金额或数量进行促销的一种营销方法。用户在一次性购买金额或数量达到一定要求时，就可以获得满减的优惠，比如满399元减100元。这样的促销优惠可以促进用户购买更多的商品。

设置满减活动的步骤如下。

步骤一：进入抖店营销中心后台，点击左侧导航栏"满减"，然后点击页面右上角的"立即新建"按钮。

步骤二：进入"新建活动"页面，商家可以在这里设置活动类型，包括满N元优惠或满N件优惠，优惠活动的时间以及具体的折扣优惠。

步骤三：填完整上述信息，点击下方的"提交"按钮即可完成满减活动的设置。

4. 拼团活动

拼团活动是指多人一起购买享受的优惠活动。拼团带来的优惠价格可以激发起用户的购买欲望，从而提升商品的销量。商家可以通过以下步骤设置拼团活动。

步骤一：进入抖店营销中心，点击左侧导航栏的"拼团"，然后点击页面右上角的"立即创建"按钮。

步骤二：进入"创建活动"页面的"设置基础规则"板块，填写活动名称、活动时间、成团数量、订单取消时间等信息。点击"提交"。

步骤三：滑动页面至"选择商品"，点击"添加商品"。在弹出的窗口中，选中对应商品前面的复选框，点击"选择"按钮。

步骤四：返回"拼团"页面，点选"SKU"（库存量单位），即可设置商品的拼团价、活动库存和每人限购等信息，然后点击下方的"提交"按钮即可。

5. 定金预售

每逢活动，很多商家会开启定金预售活动。定金预售就是用户预付一小部分定金即可预定商品，在活动时间内支付尾款即可。进行定金预售可以让商家在商品开售之前就获得订单，有利于商家提前获悉商品的热度。

设置定金预售活动的步骤如下。

步骤一：进入抖店营销中心后台，点击左侧导航栏中的"定金预售"，接着点击页面右上角的"立即创建"按钮。

步骤二：进入"创建活动"页面的"基础规则"版块，填写活动名称、定金付款时间、尾款付款时间等信息。

步骤三：接着滑动页面至"选择商品"版块，点击"添加商品"。在弹出的窗口中选中对应商品前方的复选框，点击下方的"选择"按钮。

步骤四：返回"创建活动"页面，此时页面会出现已选择商品的信息，点选"SKU"，然后完成相关信息的填写，即可完成定金预售活动的设置。

加入精选联盟吸引更多客流

精选联盟是抖音中"添加商品"页面的一个版块，符合资质的商家可以将商品添加到精选联盟，给商品设置佣金，提供给平台达人进行推广。想要带货的达人可以从精选联盟选择中意的商品，试用、分享到平台后，产生交易便可按期获得分成。

对于商家来说，入驻精选联盟有着较多的优势。

（1）**提升带货转化率**。商家将商品的购买链接添加到短视频中，用户观看视频后产生消费冲动即可直接点击购买，不用退出再购买，极大地提高了转化率。

（2）**通过精选联盟获得佣金**。商家只需在发布视频过程中，在"添加商品"页面的"精选联盟"板块选择商品，便可以获得一定的佣金。添加了"精选联盟"的商品之后，只要其他用户通过商家发布的视频购买商品，商家也可以获得一定的佣金。

（3）**把控推广获得的收益**。在商品橱窗主页点击"佣金统计"即可查看可提现金、推广明细、推广数据等信息，更好地把控收益。

（4）**获得平台赋能**。平台为了提高商家与达人的合作，推出了定向计划、鹊桥计划、招募计划等，这些联盟营销工具可以让商家更好地实现与达人合作。

精选联盟可以为商家带来好处，但想要加入精选联盟也是有条件的。

过去入驻精选联盟的条件比较严苛，商家要接受平台的验仓要求，验仓合格才能申请加入，这让很多小商家与精选联盟无缘。

2021年8月，抖音对精选联盟的平台管理规则进行了调整，降低了准入门槛。从此更多商家有了进入精选联盟的机会，也获得了更多成交机会。具体来说，想要加入精选联盟，只需要满足以下几个条件。

● 商家入驻电商平台且开设了店铺。

● 商家账号能正常登入且店铺正常营业。

● 商家店铺体验分达到4分或以上。

● 商家店铺不存在违规行为且没有处罚记录，店铺账户实际控制人的其他平台账号也没有违规和处罚的记录。

● 店铺上传有真实、合规的品牌资质。

总之，对于商家来说，精选联盟降低入驻门槛后，入驻成本变低了，商家可以将更多的精力、资源投放在选择和推广商品上，为用户提供更多优质的商品。而对于用户来说，也可以有更多的选择以及买到物美价廉的商品。

做好服务管理，提升商家体验分

商家体验分是一个非常重要的指标，它反映了店铺的综合服务能力。商家体验分覆盖了消费者购物体验的各个环节，分数的高低不仅体现了商家店铺的综合能力，也体现了消费者对店铺服务的认可程度。总之，分数越高越有利于店铺的发展。

那么，商家体验分的构成与计算方法是怎样的呢？

商家体验分采用百分制，最低为50分，由商家近30天内的商品体验、物流体验及服务体验三个指标计算得出，具体的计算方法如下。

商品体验，占比50%，包含两个细分指标：

● 商品差评率=近30天商品差评订单数／近30天物流签收订单数

● 商品品质退货率＝近30天物流签收订单中因商品品质原因产生退货退款、发货后仅退款、换货的订单数／近30天物流签收订单数

物流体验，占比15%，包含四个细分指标：

● 24小时支付－揽收率＝近30天支揽在24小时内的现货订单数／近30天应揽收现货订单数

● 48小时支付－揽收率＝近30天支揽在48小时内的现货订单数／近30天应揽收现货订单数

- 订单配送时长 = 近30天签收订单配送时长之和 / 近30天签收订单量
- 发货问题负向反馈率 = 近30天支付中产生发货问题负反馈的订单数 / 近30天支付订单数

服务体验，占比35%，包含以下六个细分指标。

① 仅退款自主完结时长 = 近30天每条仅退款售后单中等待商家操作时间总和 / 近30天仅退款订单量

② 退货退款自主完结时长 = 近30天每条退货退款（含换货）售后单中等待商家操作的时间总和 / 近30天退货退款（含换货）订单量

③ 售后拒绝率 = 近30天已完结的发货后售后订单中最后一次有效售后单结果为拒绝的订单量 / 近30天已完结的发货后有效售后订单总量

④ 平台求助率 = 近30日支付订单中产生投诉或纠纷商责的订单数 / 近30日支付订单数

⑤ IM平均响应时长 = 近30日工作时间消费者与商家飞鸽对话轮次的回复时长之和 / 近30天工作时间人工咨询对话轮次总数

⑥ IM不满意率 = 近30日IM有效会话差评（1-3星）数 / 近30日IM有效会话评价数

了解商家体验分的计算方法，有利于更好地提升商家体验分。2023年10月13日，抖音电商学习中心发布了《商家体验分规范》，具体细则可以去抖音电商学习中心查看。

运营者可以从以下几个方面来提高抖音小店的商家体验分。

1. 选择退换货概率较小的商品品类

在开通抖店时，选好品类也很重要。虽然任何品类都会遇到售后问题，但我们可以尽量选择退换货概率小一些的商品，因为频繁的退换货会对抖音小店商家体验分造成不良影响。

在选择品类时，退换货概率较大的商品如服装、鞋帽、箱包等尽量避开。另外，医药、食品、化妆品等审核比较严格的品类也要尽量规避。

2. 加强商品的品控管理

在商家体验分的计算中，商品体验占比达到了50%。可见，商品质量的重要性。商家要想提高抖音小店的商家体验分，第一步要做的就是加强商品的品控管理，从源头把控好商品质量。一是尽量寻找源头厂家合作，全面地了解商品；二是真实地介绍商品，不做虚假宣传，以免让用户产生心理落差，给出差评。

另外，商家要从细节入手，提高购物的体验。比如，优化商品的包装，对瑕疵品及时进行处理，避免错发、漏发、少发等问题。

3. 保持积极的服务态度

如果想要获得较高的服务体验分，保持积极的服务态度，提高服务质量同样是不可忽视的。

比如，在用户咨询环节中，客服人员要及时回复信息，为用户购买商品提供专业指导；在售后环节，如果用户想取消订单，客服人员要耐心与用户沟通，尽量让用户选择"多拍/错拍/不喜欢"选项。如果存在质量问题，也要切实提供解决方案。

4. 精细化管理物流

物流体验虽然只占商家体验分的15%，但不好的物流体验也会产生负面影响。比如，有的用户在意发货时间，也可能急于收货。对于这些问题，商家不仅要耐心与用户交流，解决问题，还要建立对物流的精细化管理，尤其是发货、退货环节。

当用户下单后，商家要及时联系快递公司揽件，以免揽件超时；发货后要及时填写物流单号，以减少退货概率；商品发出后，客服要及时通知用户物流动态，消除用户的焦虑。

附录1：抖音短视频的双重审核机制

第一道门槛：机器审核

机器审核一般是通过提前设置好的人工智能模型来识别视频的画面和关键词，它主要起到以下两个方面的作用。

（1）审核作品、文案中是否存在违规行为。如果疑似存在，就会被机器拦截，通过飘黄、标红等提示人工注意。

（2）通过抽取视频中的画面、关键帧，与抖音大数据库中已存在的海量作品进行匹配消重。内容重复的作品将进行低流量推荐或者降权推荐，也就是变成仅粉丝和自己可见。

第二道门槛：人工审核

人工审核主要集中在三个方面：视频标题、封面截图和视频关键帧。

针对机器审核筛选出的疑似违规作品，以及容易出现违规领域的作品，抖音审核人员会逐个进行细致审核。如果作品一旦被确定违规，抖音将对违规账号进行删除视频、降权通告、封禁账号等处罚。

抖音平台在审核这一环节中是比较严格的，在审核视频的时候，会把视频还原成一帧一帧的图片，然后识别图片上是否有违规内容，识别准确度高达99.5%。因此，运营者千万不能抱有侥幸心理，必须遵循平台的要求，创作出过审的短视频是最基本的。

附录2:《抖音社区自律公约》(节选)[1]

总则

抖音平台(以下简称"平台")一直致力于为广大用户提供一个健康、和谐、开放、友爱的生活分享平台。"抖音——记录美好生活",这句话更是承载了所有应当被铭记的点滴时刻。因而,我们深知规范、平等、积极的社区环境对于用户和平台的重要意义,并为此依据相关法律法规制定本《抖音社区自律公约》。《抖音社区自律公约》是用户使用平台服务的指引性规范和行为准则,适用于使用平台客户端应用程序(同时包括抖音火山版、抖音极速版、多闪、抖音旗下生活社区——可颂、抖音音乐版——汽水音乐、抖音旗下中长视频版本——青桃、简化版等关联版本)及相关网站(www.douyin.com)的所有用户。用户如果违反本公约将面临相应的处罚,处罚类型包括但不限于删除或屏蔽违规内容、对违规账号禁言或封禁等;构成违法犯罪的,平台将积极配合执法及司法机关的工作。平台鼓励广大用户对违规内容或行为进行举报,共建平台健康生态。

抖音平台倡导以下行为

(1)我们呼吁建立平等友爱的抖音社区,尊重抖音社区内的其他用户。关

---

[1] 因篇幅有限,本书仅节选了《抖音社区自律公约》的主要内容,具体细则请到抖音规则中心查看并学习。

爱未成年人群体、关照老年人群体、尊重性别平等；不攻击、谩骂、侮辱、诽谤、歧视他人，不侵犯他人合法权益，共同营造温暖和谐的社区氛围。

（2）我们鼓励原创、优质的内容。建议减少拼接网络图片、粗劣特效、无实质性的内容；创作画质清晰、完整度高和观赏性强的作品。

（3）我们提倡记录美好生活，表达真实的自己。建议真人出镜或讲解，避免虚假做作、博人眼球的伪纪实行为；避免故意夸大、营造虚假人设。

（4）我们建议重视文字的正确使用，避免出现错别字；减少用拼音首字母缩写表达，自觉遵守语言文字规范。

（5）我们倡导尊重劳动成果、勤俭节约、合理饮食，避免炫耀超高消费，反对餐饮浪费。

（6）我们建议提高网络安全防范意识，对网络交友、诱导赌博、贷款、返利、中奖、网络兼职点赞员等网络诈骗高发领域及行为应提高警惕。如发觉异常，可随时向平台举报。

（7）我们鼓励发布经过科学论证的内容，不造谣、不传谣。我们鼓励经济、教育、医疗卫生、司法等专业人士通过平台认证发布权威真实的信息，分享专业知识，促进行业繁荣。

抖音平台禁止及不受欢迎的短视频内容

一、暴力与犯罪行为

1. 煽动与实施暴力

平台坚决反对各种形式的暴力，禁止用户利用平台的服务煽动、宣扬或美化暴力。严禁用户利用平台服务组织或参与意图造成人员伤亡、重大财产损失、公共设施损坏、社会秩序混乱等严重的暴力活动。平台禁止用户发布煽动、描述或展示可能给他人造成人身伤害、财产损失，或可能对公共安全和秩序、社会管理秩序等造成威胁或伤害的行为的内容。

2. 违禁与管制物品

为共同营造安全的社区环境、遵守国家法律法规的规定，禁止任何个人或组织在平台上以明示或暗示、直接或间接的方式贩卖、交易、赠送法律法规规定的违禁品和管制物品或发布与之相关的内容（新闻媒体公开报道的除外）。此处的违禁与管制物品包括但不限于枪支弹药、爆炸物；管制器具及其他攻击性器械；剧毒物品、放射性物品等。

（1）枪支弹药、爆炸物

平台禁止描述、宣传或交易枪支及其配件、弹药或爆炸性物质，禁止展示"武器"的制造说明，而武器作为博物馆藏品的一部分，或警察配枪、军事阅兵、演习或战争等真实场景使用武器，或在安全受控的环境中使用武器（例如：射击场）除外。

（2）管制器具及其他攻击性器械

平台禁止制作、发布或传播以下内容：

● 展示、描述管制器具、刀械的内容。

● 提供购买、出售、交易渠道或推销使用管制器具、刀械或介绍其相关制造方法的内容。

● 其他违规展示管制器具及攻击性器械的内容。

（3）剧毒物品、放射性物品

平台禁止制作、发布或传播以下内容。

● 提供购买、出售、交易渠道或招揽使用剧毒、放射性物品以及其他有毒、有害性物质或介绍其相关制造方法的内容。

3. 恐怖主义与极端主义

平台坚决反对各类形式的恐怖主义和极端主义内容，坚决抵制任何人利用平台服务宣扬恐怖主义和极端主义思想、煽动恐怖主义和极端主义活动。禁止发布对恐怖主义、极端主义进行美化、传播其主张、展示恐怖或极端活动的内容。

4. 危险人物与组织

为了防止和斩断现实中可能发生的伤害，平台不欢迎任何从事严重暴力活动，禁止对国家安全、公共安全以及公民的人身安全造成严重伤害或威胁的危险人物与组织使用平台服务。一经发现，平台有权停止对其提供服务。

5. 展示或宣扬违法犯罪活动

平台禁止制作、发布或传播扰乱经济秩序、妨碍社会管理秩序等侵害公共利益的违法内容或利用平台实施相关违法犯罪活动的行为，或发布为此类活动进行宣传、推广的内容。如有用户投诉或平台发现用户发布的信息中含此类违规内容的，平台会将相关内容及账号予以处罚，避免给其他用户带来人身伤害和财产损失。对于构成违法犯罪的，平台将配合执法及司法机关进行处理。

（1）违规或违法交易

（2）赌博等非法射幸活动

（3）毒品、管制药品

（4）违反野生动植物保护规定的内容

（5）妨害文物管理规定的内容

（6）违反人民币管理规定的内容

6. 帮助实施或教唆犯罪

为竭力防止现实世界中可能发生的伤害事件和危险模仿行为，平台禁止用户利用平台服务组织、加入、帮助、鼓动或宣扬任何会对其他个人或组织、动物带来伤害或财产损失的违法、犯罪活动或有害行为。

二、时政有害及不实信息

7. 时政有害信息

平台严禁制作、发布、传播含有下列危害国家及社会安全的时政有害信息：

● 反对宪法确定的基本原则的。

● 危害国家统一、主权和领土完整的。

● 泄露国家秘密、危害国家安全或者损害国家荣誉和利益的。

● 宣扬恐怖主义、极端主义或者煽动实施恐怖活动、极端主义活动的。

● 煽动民族仇恨、民族歧视，破坏民族团结的。

● 破坏国家宗教政策，宣扬邪教和封建迷信的。

● 散布谣言，扰乱经济秩序和社会秩序的。

● 散布淫秽、色情、赌博、暴力、凶杀、恐怖或者教唆犯罪的。

● 煽动非法集会、结社、游行、示威、聚众扰乱社会秩序。

● 歪曲、丑化、亵渎、否定英雄烈士及其事迹、精神。

● 以贬损、玷污、焚烧、涂划、践踏、篡改等方式，侮辱、恶搞、歪曲、丑化国旗、国歌、国徽、人民币、军旗、军歌、军徽等具有特殊含义的象征、标志、音效的。

● 含有法律法规禁止的其他涉及时政的有害信息。

8. 时政不实信息

平台严禁制作、发布、传播含有损害国家形象及社会秩序的时政不实信息。

● 个人或组织为了其特定的政治目的，对党和国家领导人以及具有政治意义的公众人物进行的有意诬陷和诽谤。

● 以扰乱政治生态、制造社会混乱等为目的，在某些重大突发事件、灾情等发生后扩散的谣言。

● 含有法律法规禁止的其他涉及时政的不实信息；针对时政信息的日常管理，平台将根据主管部门的要求对包含时政有害信息的内容和账号进行依法处置。

三、侵犯人身权益

9. 自杀、自残

平台欢迎用户发布心理健康相关的有益探讨和科学研究内容，但是禁止制作、发布或传播任何展示、宣扬、诱导、鼓励、组织或教唆自杀和自残的内容，或者任何泄漏自杀或自残受害者或幸存者身份并攻击他们的负面内容。禁止用户进行自杀或自残的直播。

平台禁止制作发布或传播以下自杀、自残相关内容：

（1）展示或宣扬自杀、自残

（2）煽动、诱导或教唆他人自杀、自残

10. 网络暴力

保护用户的权益和安全是平台重要责任。平台致力于为用户提供一个安全、和谐、友好的社区环境，努力预防和打击各类侵犯用户人身权益的现象，严格治理各类通过文字、图片、视频等内容形式对个人或群体进行辱骂攻击、侮辱诽谤、恶意揣度、侵犯名誉、曝光隐私、人肉搜索等网络暴力行为，坚决抵制各类侵犯用户合法权益的行为。此外，平台还设置了"一键防网暴"等多种保护措施，开通专门的网络暴力的举报、投诉渠道，方便用户及时维护自身权益。

平台禁止用户利用平台服务实施或教唆、鼓动他人实施"网暴"他人的行为，禁止发布、传播对他人实施网络暴力的内容。

（1）侮辱谩骂

（2）造谣诽谤

（3）骚扰恐吓

（4）人肉搜索

（5）其他可能引发或加剧网络暴力的内容

11. **侵犯人身自由**

公民的人身自由权利依法受到保护。国家禁止买卖人口、强迫劳动、买卖婚姻、买卖人体器官、非法收养送养未成年人等各类侵犯和威胁公民人身权益和自由的违法犯罪行为。平台严禁用户发布或传播各类展示、宣扬、美化侵犯他人人身自由权利的内容，对于其中可能构成违法犯罪的，平台将积极配合执法及司法机关进行处理。

12. **危险行为**

危险行为通常是指在非专业环境中，或没有必要的技能与安全预防措施保障下实施，可能导致行为人自身、他人或不特定公众遭受人身伤亡或财产损失的行为。危险行为不仅会威胁用户自身生命财产安全，还可能会对诱导其他用户产生模仿、学习、传播等不良后果。平台禁止用户发布涉及高危险行为、危险驾驶、危险恶作剧等内容，以及禁止展示危险工具、危险玩具等内容。

平台禁止发布、传播的危险行为相关内容，包括但不限于以下几个行为。

（1）高度危险的"实验"或"挑战"行为

（2）危险或威胁性恶作剧

（3）其他易造成伤害或引发不当模仿的危险行为或器具

13. **侵犯隐私与个人信息**

平台高度重视用户隐私及个人信息的保护。平台禁止用户在未经权利人许可且无法律规定的合理理由的情况下发布、曝光或索取他人的个人信息或隐私，包括但不限于个人身份识别信息、财务信息、居住信息、医疗信息、线上或线下的活动信息以及其他不愿为他人所知晓的信息。对于侵犯隐私及个人信息的行为，平台提供举报功能，方便用户进行举报。

14. 其他侵犯人身权益的行为

其他侵犯他人人身权益的行为包括但不限于以下几个行为。

● 滥用、冒用他人肖像、姓名、名称，侵犯他人肖像权、姓名权、名称权的行为。

● 采用诽谤、诋毁等手段，损害他人名誉、降低他人社会评价或损害公众对他人信赖，降低他人产品或者服务社会评价的行为。

● 其他雇佣、组织、教唆或者帮助他人发布、转发侵害他人人身权益的行为。

四、违法与不良内容

我们鼓励、支持用户创造更多积极、有价值的优质作品，丰富用户的生活。坚决抵制用户利用平台的服务，制作、发布、传播淫秽、色情、暴力、歧视及仇恨性言论等侵害他人权益的违法内容，或者低俗、血腥、惊悚、过度夸张、博眼球等给用户造成观感不适或负面生理、心理冲击的内容。

15. 色情、淫秽内容

平台禁止用户发布、传播含有色情、淫秽信息，或对色情、淫秽信息资源进行引流等违法违规内容。色情、淫秽内容包括具体描绘性行为或者露骨宣扬色情的淫秽性的文字、图片、视频、音频等信息。制作、发布、传播、贩卖色情、淫秽内容属于违法行为，并可能构成犯罪。但有关人体生理、医学知识的内容不是淫秽信息。

16. 仇恨与歧视性言论

平台致力于打造一个用户互相尊重、和谐共处的社区环境，严禁用户发布、传播任何形式的仇恨和歧视性言论，包括但不限于基于性别、年龄、地域、民族、种族、宗教信仰、国籍、身体状况，或精神缺陷、受害经历、性别认同、经济地位、受教育水平等的歧视和仇恨。

17. 低俗媚俗内容

平台希望与用户一起共建一个和谐、文明的社区环境，鼓励用户发布文明、健康的创作内容。对于以博眼球、吸引流量为目的，宣扬、展示传播低级趣味，低俗、媚俗，具有性暗示或性挑逗意味的内容平台将采取相应的限制措施。

18. 血腥暴力内容

平台反对用户发布、传播展示及美化暴力、血腥场景或者对他人遭受的苦难或屈辱幸灾乐祸的内容。这样的内容可能引发其他用户的心理和生理不适，平台允许为帮助人们提升对特定问题的认知或者媒体出于新闻报道的目的而发布血腥内容，但应进行适当打码处理。

平台禁止发布、传播以下血腥暴力的内容：

（1）血腥暴力的人体图像

（2）血腥暴力的动物图像

（3）事故场景相关的血腥暴力内容

19. 惊悚恐怖内容

作为一个创作型、分享型的网络社区，平台一直努力营造健康、友好、积极向上的社区氛围。惊悚恐怖的内容极易造成强烈的感官和精神刺激，使观看者感到不适，亦容易危害到未成年人的身心健康，因此平台不欢迎该类内容。

20. 残忍麻木内容

平台坚持和弘扬社会主义核心价值观，鼓励积极向上的生活方式，不断传递正能量。平台倡导社会关怀，欢迎具备温暖与力量的作品，同时平台谴责漠视生命、嘲笑他人苦难、以他人所受屈辱为乐的行为并拒绝该类内容的传播。

五、不实信息

不实信息通常是指没有事实依据而编造，或者依据部分事实断章取义、拼凑剪接、刻意夸大的信息。我们生活的世界是瞬息万变的，人们对于事物、现象或事件等的认知也是不断深入的。上一刻的"真相"，下一刻也可能变成"不实信息"。为此，平台努力遏制谣言等不实信息的传播，并引导用户获取真实、权威信息。平台号召广大用户不信谣、不传谣，不断提升网络素养，同时也鼓励用户积极参与不实信息的治理工作。如果发现可能含有不实信息的内容，欢迎进行举报并积极参与平台的辟谣工作。

21. 不实信息

为避免对其他用户造成伤害、误导，扰乱正常的社会生活秩序，平台禁止用户利用平台服务编造、发布、传播谣言以及其他不实信息，具体包括但不限于以下几点做法。

● 在社会热点事件期间或针对公众所关心的事件、人物，编造或者传播未经证实的信息，以达到吸引眼球、博取流量或对特定的个人或群体造成伤害的内容或行为。

● 出于非法目的，传播旨在破坏党和政府形象、危害国家安全和政权稳定的虚假信息，如捏造政治内幕、政治事件隐情、重要政策调整等信息。

● 旨在引发公众恐慌、故意扰乱社会经济发展秩序等的不实内容，如虚构恐怖事件或者危害公众安全事件，预言重大自然灾害，或者夸大灾害事件严重程度。

● 可能直接造成紧迫的暴力行为或人身伤害的错误信息和无法证实的传言。

● 可能对正常社会秩序和安全造成紧迫伤害或威胁的不实信息或传言。

● 利用基于深度学习、虚拟现实等的新技术、新应用制作、发布、传播的虚假信息。

六、违反公序良俗

公序良俗通常是指公共秩序与善良风俗，它包括社会正常运转的一般秩序和其存在、发展所必需的一般道德。平台致力于与用户一起打造一个丰富多元、健康积极、真实友善的社区环境。因此，除了禁止发布违反法律法规的内容或实施违反违法犯罪的行为外，平台也拒绝用户发布违反公序良俗的内容或实施违背公序良俗的行为。

22. 违背社会公德的内容

（1）有悖公德良善的内容

● 以恶搞方式描绘重大自然灾害、意外事故、恐怖事件、战争等灾难场面的内容。

● 以肯定、赞许的基调或引入模仿的方式表现打架斗殴、羞辱他人、污言秽语的内容。

● 以虚构慈善捐赠事实、编造和渲染他人悲惨身世等方式，传播虚假慈善、伪正能量的内容。

● 侮辱逝者，或以商业、娱乐等不当方式侮辱、破坏、踩踏陵墓设施或环境的内容。

● 未经他人允许，或无视他人意愿，恶意搭讪、恶搞、骚扰他人的行为。

● 其他有悖于社会公德与善良风俗的内容。

（2）传播不文明行为的内容

不文明行为违背社会道德规范，展示、美化、宣扬不文明行为的内容，不仅容易造成用户的强烈反感，更容易为他人尤其是未成年人做出错误的示范。该类内容有悖平台一直以来所提倡的积极健康的生活观念，因此平台谴责宣扬不文明现象的行为并拒绝该类内容的传播，包括但不限于以下几个做法。

● 故意从事公共场所明令禁止的行为，如在旅游景点乱涂乱画、随意刻字等。

● 刻意破坏公共卫生，如随地吐痰、乱扔废弃物等。

● 刻意扰乱公共场所秩序，如逃票、翻越闸机等。

23. 传播不良价值导向的内容

平台倡导平等友善、多元丰富、真实美好、积极健康的社区环境，尊重知识，鼓励用户进行创作和表达，但同时反对用户为了获取流量和热度，发布违背公序良俗、传递错误价值导向、对生命缺乏敬畏、对人缺乏尊重的消极、负面内容。

平台不欢迎用户发布、传播以下内容：

（1）展示消极颓废的人生观、世界观和价值观的内容

（2）宣扬低俗庸俗，娱乐化倾向严重的内容

（3）不当推广、虚假演绎的内容

24. 严重伤害民族情感的内容

平台倡导用户秉承尊重历史、尊重文化传统的态度和精神进行内容创作，共同传承中华民族优秀历史文化与传统。

平台禁止发布、传播以下内容：
- 宣扬、美化法西斯主义、极端民族主义、种族主义的内容。
- 美化或歪曲解读历史上侵略战争和殖民史的内容。
- 歪曲贬低民族优秀文化传统的内容。
- 其他伤害民族情感的内容。

七、违反知识产权保护

25. 知识产权保护

平台高度重视知识产权保护，尊重原创，鼓励用户创作有价值的作品。为此，平台一方面保障用户对自己作品享有的知识产权，另一方面也严格要求用户不应上传侵犯他人知识产权的作品。如果用户在平台上传侵犯他人知识产权的内容，平台将根据相关法律法规的要求进行处理。

八、侵害未成年人权益

我们致力于确保平台上未成年人用户的安全与健康，严禁任何人利用平台服务实施虐待、伤害、危害或恶意利用未成年人对未成年人灌输错误价值观的行为，严禁发布危害未成年人身心健康的内容。平台将按照《未成年人保护法》等法律法规的规定，积极履行平台义务，保障未成年人的权益。为保障未成年人用户的安全与福利，平台专门开发了更适合未成年人使用的"青少年模式"。青少年模式配备了专门的使用时长及功能限制，能够更好地保障未成年人的安全和隐私，预防未成年人沉迷网络。未成年人及其家长应主动开启青少年模式或使用亲子守护工具，与平台一起为未成年人创造更好的上网环境和上网体验，共同守护未成年人的健康成长。

26. 性侵害未成年人

对未成年人性侵害通常是指行为人违反未成年人意志或利用行为人优势地位，在违反法律或社会道德禁忌的情况下实施的实现性目的相关行为。平台禁止以任何形式对未成年人进行性引诱、性侵害的行为及相关内容。

27. 未成年人性侵害相关内容

未成年人性侵害相关内容主要是指表现未成年人的裸露和性行为的内容，包括公开生殖器官的内容,或涉及未成年人模仿、暗示或展示性行为的内容。平台禁止任何形式的描绘未成年人裸露或性行为的内容,包括以数字技术制作或合成的内容,以及未成年人相关的软色情内容。

28. 不当利用未成年人牟取利益

不当利用未成年人牟取利益主要是指违反《中华人民共和国未成年人保护法》《中华人民共和国广告法》《中华人民共和国劳动法》等法律规定,侵犯未成年人合法权益、利用未成年人谋取经济利益的行为。

29. 危害或影响未成年人身心健康的内容

为了保护未成年人的合法权益、避免引发或诱导其他未成年人进行不当模仿,除正当宣教目的之外,平台禁止用户发布、传播描绘或宣扬可能危害或影响未成年人身心健康的不良行为或内容。此处所称不良行为或内容通常是指未成年人实施的不利于其健康成长,甚至是构成违法犯罪的行为。

此外,平台禁止发布任何组织、教唆、指导、胁迫、引诱、欺骗或帮助未成年人实施不良行为的内容。 用户发布的内容中如果含有可能引发或者诱导未成年人模仿不安全行为、实施违反社会公德行为、产生不良情绪、养成不良嗜好等可能影响未成年人身心健康的信息,应当以显著方式做出提示。

30. 针对未成年人的其他违法犯罪活动

平台严禁用户利用平台服务实施针对未成年人的违法犯罪行为,或发布、传播相关内容。

平台禁止发布、传播如下针对未成年人的违法犯罪行为的相关内容:

● 殴打、虐待未成年人,对未成年人实施体罚、家庭暴力、校园暴力等暴力行为。

● 绑架、拐卖未成年人等严重侵犯未成年人人身安全。

● 对未成年人实施网络暴力或侵犯未成年人的名誉、肖像、隐私等人格权益。

● 对未成年人实施诈骗、敲诈勒索、盗窃等侵害未成年人财产权益。

● 利用未成年人进行色情、暴力等非法引流。

● 其他针对未成年人的违法犯罪内容或行为。

31. 对未成年人的其他保护

除了上述严禁发布的内容外，用户在平台上发布含有未成年人的内容或可能影响未成年人身心健康的内容时，必须做到以下几点：首先，作品中含有未成年人的相关信息，必须尊重未成年人的隐私权、做好未成年人的隐私保护，拍摄他人的未成年子女时，要先征得未成年人监护人的同意，确保未成年人是自愿参与拍摄，做好视频的隐私设置，合理设置视频的浏览范围；其次，拍摄过程中保证未成年人的人身安全，不能让未成年人从事危险行为，保障未成年人的正常休息、学习和娱乐；不能让未成年人从事与其年龄和心智不符的、有碍未成年人身心健康的表演或行为；最后，如果作品内容可能存在影响未成年人身心健康的内容，应当以显著方式做出提示。此外，平台还将积极响应未成年人本人、父母及其他监护人的要求，对不利于未成年人身心健康的内容进行处理。

九、虚假与不诚信行为

32. 作弊行为与垃圾信息

平台禁止用户实施作弊行为或发布意图欺骗、误导用户来提高浏览量的垃圾内容。这类内容不仅会降低用户体验、阻碍用户的真实互动，还会威胁到平台服务的安全性、稳定性和可用性。平台致力于阻止个别用户为谋取商业利益，以违规的方式不正当地提高浏览量或批量传播内容的行为。

33. 不当营销与虚假宣传

为维持良好的社区秩序，避免可能的人身伤害和财产损失，平台反对用户通过发送垃圾信息、夸大误导、虚假宣传等方式进行不当营销，禁止用户发布违反法律法规的服务与交易的内容。

平台禁止发布、传播以下内容或借助平台服务实施以下行为：

● 对某一产品或服务的性能、功能、质量、销售状况、用户评价等做虚假或者引人误解的商业宣传，欺骗、误导消费者。如对商品的安全性能进行没有合理依据的断言或保证，将科学上未定论的观点当作定论用于商品宣传等。

● 售卖、交易、植入违法违规或平台禁止的商品或服务，包括但不限于：销售假冒伪劣产品、烟草、枪械武器、毒品、两性用品等，进行诈骗、传销宣传。

● 不具有相关资质证照，且/或未经平台认证的用户发布涉及医疗、金融等专业服务的相关内容。

● 采用标题党、炒作负面话题、引战等手段进行不当营销。

● 其他不当营销的行为。

34. 恶意导流

恶意导流通常是指使用特定内容，如低俗或者其他吸引眼球的信息，诱导用户访问特定页面或完成转发、关注等操作，这些特定页面可能包含有色情、赌博、盗版文学、制假售假等可非法牟利的信息。平台禁止用户通过欺骗、诱导等方式将其他用户引导至可能危及用户人身权益及财产安全的第三方平台。

平台禁止发布、传播符合以下任一情形的外部链接、二维码等可识别标志：

● 可能安装恶意软件的网站或应用的链接。

● 骗取用户登录凭据、财务信息等信息的网站或应用的链接。

● 为恐怖组织、极端主义组织等危险人物或组织筹集资金或招募人员的网站或应用的链接。

● 包含淫秽色情内容的网站或应用的链接。

● 销售法律法规禁止交易的物品之网站或应用的链接。

● 未经平台许可发布带有商业推广性质的活动链接、二维码，或交易虚拟账号、诱导用户点击等链接。

● 发布其他不利于平台良好内容生态的导流信息，如第三方平台账号或带有第三方平台水印、Logo等内容。

35. 欺骗行为

平台严厉打击各类电信诈骗行为、骗取虚假互动或恶意制造流量的行为。平台禁止用户利用平台服务，通过欺骗性手段骗取其他用户信任或将其他用户引导至其他站外平台进行诈骗；禁止用户通过各类欺骗性的行为或手段骗取互动和流量。平台会积极配合执法及司法机关的行动，打击平台上的诈骗行为。

十、危害平台秩序与安全

平台的秩序和安全不仅关系到平台的合法利益，也关系到所有用户的安全和体验。我们竭尽全力为用户营造一个安全、有序的平台，尊重和保障广大用户的合法权益。为此，平台努力建立并维护平台规则和秩序，抵制和打击各类破坏平台秩序、危害平台网络安全的行为。

36.平台账号管理规则

用户账号是用户在平台上的身份，是以用户身份使用平台服务的凭证。用户有权选择合法的字符组合作为自己的账号，并自行设置符合安全要求的密码。用户在平台注册、使用的名称、头像、封面、简介、签名、认证信息等账号信息应当符合法律法规的规定、遵循公序良俗。平台依照法律法规的规定制定账号管理规则，对用户的账号及相关行为进行管理。

（1）用户账号信息规则

平台要求用户使用个人真实信息进行注册，机构用户的账号信息应当与机构自身的名称、标识等相符合，与机构性质、经营范围和所属行业类型相匹配。用户在注册、变更名称、头像、封面、简介、签名、认证信息等账号信息时，在遵守相关法律法规要求的同时，不得使用或含有以下内容或实施以下行为：

● 假冒、仿冒、捏造政党、党政军机关、企事业单位、人民团体和社会组织以及国家（地区）、国际组织的名称、标识。

● 假冒、仿冒、捏造新闻网站、报刊社、广播电视机构、通讯社等新闻媒体的名称、标识等，或者擅自使用"新闻""报道"等具有新闻属性的名称、标识等。

● 假冒、仿冒、恶意关联国家行政区域、机构所在地、标志性建筑物等重要空间的地理名称、标识等。

● 假冒、仿冒、捏造其他自然人的姓名、肖像、身份信息等。

● 以损害社会公共利益、损害他人权益或者谋取不正当利益等为目的，在账号信息中故意夹带二维码、网址、邮箱、联系方式等，或者使用同音、谐音、相近的文字、数字、符号和字母等。

● 使用同音、谐音、相近文字，拼音、数字、符号、字母和无意义文字等侵犯他人合法权益、谋取非法利益或者损害公共利益。

● 含有名不副实、夸大其词等可能使公众受骗或者产生误解的内容。

● 含有法律、行政法规和国家有关规定禁止的其他内容。

（2）账号认证

● 从事经济、教育、医疗卫生、司法、新闻信息服务等专业领域信息内容生产的账号，用户应当提供其专业背景，以及依照法律、行政法规获得的职业资格或者服务资质等相关材料，供平台进行必要核验。

● 除上述专业领域创作者，其他用户也可以主动进行账号认证。请按照以下方式，进行账号认证：抖音账号认证渠道：抖音App—我—设置—账号与安全—申请官方认证，按申请页面的提示发起申请。

（3）账号不诚信行为

平台禁止用户实施以下扰乱平台正常管理秩序、侵犯用户权益的账号不诚信行为。

● 恶意注册"抖音"账号，包括但不限于频繁、批量注册账号。

● 未经他人同意，使用他人的姓名、肖像，以他人名义创设抖音账号，或复制平台上另一个抖音用户的头像、个人资料、作品，使得其他用户易产生误解、混淆、无法辨别账号的真实性。

● 未经平台同意，赠予、借用、出租、转让、售卖或以其他方式许可他人使用本人的账号。

● 被禁止使用平台服务的组织或个人采用欺骗、隐瞒真实身份等方式注册平台账号。

● 被依法封禁账号后，以相同或者相似的账号信息重新注册以及跨平台重新注册。

● 其他违反法律法规及平台秩序的账号不诚信行为。

（4）账号的处罚

如果用户违反本公约或《"抖音"用户服务协议》等平台规则，出现以下情形的，平台有权对用户的账号进行封禁、禁言处罚或暂停账号部分或全部服务，对于因此而造成的无法正常使用账号及相关服务、无法正常获取账号内资产或其他权益等后果，用户须自行承担。

● 违反本规则，实施严重违规行为或屡次违规的。

● 根据法律法规和部门规章等规定，存在违法犯罪或违规行为的。

● 经用户投诉或平台发现，且平台有理由认为使用者并非账号初始注册人，或者账号继续使用存在较大风险的，平台有权立即暂停或终止向该账号提供服务，并有权无限期禁用该账号，对于可能构成违法犯罪的，平台有权交由执法及司法机关处理。更多关于"账号"的规则，请参考《"抖音"用户服务协议》和《抖音火山版用户服务协议》中关于"账号"的规定。

37. 平台权益与秩序

平台禁止任何以下几种恶意损害平台权益、扰乱平台正常运营秩序的内容或行为：

● 未经平台授权擅自使用抖音商标、标志或其他知识产权的。

● 未经平台认证假冒、仿冒抖音官方账号或抖音工作人员的。

● 未经平台授权擅自使用抖音名义宣传推广账号或其他营销活动的。

● 组织、煽动、引导不特定多数用户在平台或在平台之外以某种方式进行恶意投诉举报的。

● 其他恶意损害平台权益、扰乱平台正常运营秩序的内容或行为。另外，为了保护平台良好的生态环境和用户体验，平台鼓励用户避免发布视频画质模糊、内容混乱、观感体验差等严重影响视频质量、传播度的内容。

38. 危害平台网络安全

平台禁止任何以下几种有损平台服务安全性与可靠性的内容或行为：

● 入侵抖音网站、应用程序或相关网络，或绕过包括但不限于限制用户存取权在内的平台功能设计或防护措施。

● 散布含有病毒、特洛伊木马、电脑蠕虫、逻辑炸弹或其他恶意或有害内容的信息。

● 对平台进行修改、改编、翻译、反向工程、反向汇编、反向编译或创造任何基于平台的衍生产品（包括任何程序、网页、表格或文件），或尝试复现平台中内嵌的任何源代码、算法、方法或技术。

● 使用自动脚本从平台批量收集信息、爬取数据。

● 其他侵犯及威胁平台网络安全的内容或行为。